Gabrielle Bossis
Er und ich II

topos taschenbücher, Band 608
Eine Produktion des Matthias Grünewald Verlags

Gabrielle Bossis

Er und ich

Geistliches Tagebuch II

topos taschenbücher

Verlagsgemeinschaft topos plus
Butzon & Bercker, Kevelaer
Don Bosco, München
Echter, Würzburg
Lahn-Verlag, Kevelaer
Matthias Grünewald Verlag, Ostfildern
Paulusverlag, Freiburg (Schweiz)
Friedrich Pustet, Regensburg
Tyrolia, Innsbruck

Eine Initiative der Verlagsgruppe engagement

Bibliografische Information der Deutschen Nationalbibliothek
Die Deutsche Nationalbibliothek verzeichnet diese Publikation in der Deutschen Nationalbibliografie; detaillierte bibliografische Daten sind im Internet über http://dnb.d-nb.de abrufbar.

2012 Verlagsgemeinschaft **topos** plus, Kevelaer
2. Auflage
der Neuausgabe von »Geht meiner Liebe entgegen«
als unveränderte Nachauflage der 11. Auflage 1999
Aus dem Französischen von Charlotte Hansen

Einband- und Reihengestaltung | Finken & Bumiller, Stuttgart
Umschlagabbildung | www.photocase.de / misterQM
Herstellung | Pustet, Regensburg
Printed in Germany

Topos ISBN: 978-3-8367-0608-7
www.toposplus.de

Das Leben von Gabrielle Bossis

1. Kindheit und Jugend

Gabrielle Bossis wurde am 26. Februar 1874 als die jüngste von vier Geschwistern in Nantes geboren. Der Geist des Elternhauses atmete tiefe Frömmigkeit und fürsorgliche Liebe. Es gibt also nichts, was die gesunde Entfaltung des Kindes hätte hemmen können. Dennoch findet sich Gabrielle nur schwer in der Welt und unter den Menschen zurecht. Die lebhaften Spiele der älteren Geschwister ängstigen sie; sie merkt, daß sie ihnen nicht gewachsen ist, fühlt sich im Weg und zurückgestoßen. Weinend sucht sie Zuflucht bei dem Kindermädchen Jenny, wo sie Geborgenheit findet.
Auch die Dreizehnjährige hat noch immer Angst vor den Menschen. So bittet sie, dem Verlobungsfest ihrer zweiten Schwester fernbleiben zu dürfen. Es ist ein weiter Weg, bis Lebensangst sich in Lebensmut, ja lachende Lebensfreude verwandelt.
Aus ihrer Schüchternheit wird einmal Verschwiegenheit werden. Nur ganz selten spricht Gabrielle Bossis in ihren Tagebüchern von sich selbst. Wir wüßten kaum etwas von ihrem inneren geistlichen Leben, wenn nicht ein anderer davon Zeugnis gäbe: »Er«, ihr göttlicher Gesprächspartner, der der allein Handelnde in diesen Aufzeichnungen von »Er und ich« ist.
Wer ihr Tagebuch liest, in dem taucht unwillkürlich die Frage auf, wann und wie wohl dieses innere Leben begann. Denn die erste Niederschrift stammt aus dem Jahre 1936, als Gabrielle Bossis bereits zweiundsechzig Jahre alt war. Wir erhalten aber Antwort auf diese Fragen durch jene Stellen in den Aufzeichnungen, die der Herr mit den Worten beginnt: »Weißt du noch? Als du noch klein warst?« Hier geht es um den Anfang eines inneren Lebens, das sie selbst nicht zu fassen und auch nicht zu deuten vermag. Sie schweigt darüber, als ob sie ahnte, daß man sie doch nicht verstände, die Großen sie vielleicht sogar auslachen würden.
Den Sommer verbrachte die Familie meist in Fresne-sur-Loire. Sie liebte das alte Haus, in das sie auch später von ihren langen Wanderfahrten immer wieder heimkehrte. Es

lag inmitten anderer Häuser an einer breiten Straße, von der es ein kleiner Garten trennte. An der Hinterfront befand sich eine Terrasse über der Loire, wohin sie später »ihre Engel einlud«. Schon das Kind ließ sich einfangen von dieser lieblichen Landschaft, deren Bild sich ihm tief einprägte.

Während die Phantasie eines Kindes sonst eher noch in der Welt der Märchen lebt, sucht Gabrielle in ihren Wachträumen bereits Gott. Die Erwachsenen aber ahnen nicht, was in dem Kind vorgeht. Nichts weckt ihre Aufmerksamkeit; zweifellos erklärt man sich ihre Ruhe, ihr Schweigen mit ihrer Schüchternheit.

Im »Kloster der Schwarzen Damen« in Nantes verbrachte Gabrielle ihre Schulzeit. Hier verband sie eine herzliche gegenseitige Zuneigung mit der Klosterfrau Johanna Shermitte, die vielleicht als erste erkannte, daß Gott dieses Mädchen zu einem außergewöhnlichen Werkzeug erwählt hatte. Gabrielle blieb weit über die Schulzeit hinaus mit diesem Kloster verbunden. Sie wurde Präsidentin der Kongregation »der heiligen Engel« und später in die Kongregation »der Heiligen Jungfrau« aufgenommen. Bei ihrem Tode ist sie Tertiarin der Franziskaner.

Die Zeit von ihrem 20. bis zum 24. Lebensjahr brachte ihr schwere innere Kämpfe und Entscheidungen, von denen niemand etwas ahnte. Sie schreibt einmal: »Man hielt mich in meiner Jugend für leichtfertig; und doch war dies die Zeit, in der ich meine größten Seelenschmerzen durchlitt.«

Welches war die Ursache dieser inneren Kämpfe?

Der Franziskanermönch Pater von X. muß etwas von dem inneren Reichtum dieser Seele erkannt haben. Er drängte sie, in ein Kloster einzutreten, weil er sie dort am sichersten geborgen glaubte. Vier Jahre widerstand Gabrielle diesem Einfluß. Ihr Widerstand beruhte offenbar auf einer inneren, sehr deutlichen Warnung, die sie erkennen ließ, daß dies nicht ihre Bestimmung sein sollte. Nach vier Jahren der Besinnung und des Gebetes war sie entschlossen, ihren eigenen Weg zu gehen und sich mit ihrem gegenwärtigen einfachen und alltäglichen Leben zu begnügen. Ein anderes Ziel sah sie noch nicht. Bis zum Tode der Mutter blieb sie mit ihr und einer ihrer Schwestern zusammen. Wegen ihrer zarten Gesundheit verbrachte man einige Winter in Nizza. So lebte sie – wie es eben damals üblich war – das Leben einer behüteten Tochter aus gutem Hause.

Das schüchterne Kind ist inzwischen zu einem auffallend hübschen Mädchen herangewachsen, dessen fröhliche Anmut und Heiterkeit eine ganze Gesellschaft anzuregen vermag. Stark ist die Bindung an die ältere Schwester, die vom Intellekt her geprägt ist und einen umfassenden Briefwechsel unterhält. Ihr hat Gabrielle viele geistige Anregungen zu verdanken. Andrerseits gewinnt sie immer mehr ihre innere Freiheit, ist offen für die Welt, wendet sich ganz dem Leben zu. Ihre Aktivität läßt sie nicht ruhen: Sie treibt viel Sport, radelt und reitet gern. Erstaunlich begabt für alle Künste, hätte sie viel darum gegeben, alle ihre Gaben entfalten zu können, wenn ihre Herkunft es ihr erlaubt hätte. Sie hat einen angeborenen Sinn für Bildhauerei, Musik und Tanz – und sie hat alles praktiziert. Auch Stickereien liebt sie. Doch ohne Schulung bleibt alles Liebhaberei und kommt über einen guten Dilettantismus nicht hinaus. Wohltätigkeit gehört in einem guten Haus zum Lebensstil. Ein vorgefundenes Zeugnis spricht von der »Wohltäterin von Kamerun«. In ihrer Pfarrei findet sie ein weites Feld für ihren Betätigungsdrang. Sie hilft in dem Arbeitssaal, in dem Kirchengewänder für die Missionen hergestellt werden. Auch ein Fürsorgediplom wurde gefunden.
Wir sehen ein junges Mädchen, reich, aufgeschlossen, heiter, vielseitig begabt, voller Charme. Da bleiben die Freier nicht aus. Die Biographin spricht sogar von mehr als sechzig Heiratsanträgen, die man in ihren weltlichen Aufzeichnungen erwähnt findet und die sie nicht nur in der Jugend, sondern durch ihr ganzes Leben bis ins Alter erhält. Als man sie einmal fragt, ob sie nie ein Bedauern darüber empfunden hätte, nicht geheiratet zu haben, sagt sie lächelnd: »O ja! Da waren vielleicht ein oder zwei, die ich hätte heiraten können ... Vielleicht! Da war ein Engländer. Das hat nicht geklappt. Wie sehr habe ich darüber geweint ... Zwei Stunden lang. Bei dem andern meinte mein Vater, daß dieser nicht der Richtige für mich sei ... Mein Entschluß war da bald gefaßt.«
Ihre Liebesschmerzen scheinen also nicht sehr tief gegangen zu sein. Daß ein Mädchen ihrer Kreise einmal heiratet, war damals eigentlich selbstverständlich. Es wurde für die zukünftige Ehe erzogen. Auch Gabrielle hat vielleicht eine Zeitlang darin ihr Lebensziel gesehen. Je tiefer aber ihre Gottesbegegnung wurde, desto mehr muß ihr bewußt gewor-

den sein, daß sie allein bleiben soll, daß die Ehe für sie nicht gewollt ist. Dieser Weg wird in den Tagebuchaufzeichnungen von Jahr zu Jahr deutlicher: Gott fordert sie ganz für sich, und sie gehorcht.

2. Reifejahre

Zu Lebzeiten ihrer Mutter und Schwester fühlt sie sich geborgen in ihrer Familie. Doch 1908 stirbt die Mutter, 1912 die Schwester. Zum erstenmal wird ihr Einsamkeit auferlegt, unter der sie sehr leidet. Noch aber war sie nicht ganz allein. Viele Jahre lang betreut sie eine alte Dienerin und erspart ihr die Sorge um die materiellen Bedürfnisse, vor denen sie Abscheu empfindet. Auch später nimmt sie hausfrauliche Pflichten nicht gern auf sich und beschränkt sie auf das Notwendigste.
Beim Ausbruch des Ersten Weltkrieges 1914 erkennt Gabrielle sofort ihre Aufgabe. Sie stellt sich als Krankenpflegerin zur Verfügung und betreut die Verwundeten in den Hospitälern ihres Bezirkes und später in Verdun. Als der Krieg endet, ist sie vierundvierzig Jahre, hat also die Lebensmitte bereits überschritten. Was sie in den folgenden fünf Jahren tat, wissen wir nicht. Einmal wird in den späteren Tagebüchern eine Katechismusstunde auf dem Lande erwähnt. Eine geduldige Lehrerin scheint sie nicht gewesen zu sein. Die »Stimme« mahnt:
»Sei zärtlicher zu den Kindern.
Kinder bedürfen so sehr der Zärtlichkeit.«
Blicken wir nun einmal zurück auf die ersten neunundvierzig Jahre ihres Lebens, so müssen wir uns fragen: Was ist da Besonderes daran? Kaum etwas, das der Erwähnung wert wäre. Die Spuren dieses Frauenlebens wären längst ausgelöscht, wäre sie mit fünfzig Jahren heimgerufen worden.

3. Die Sendung: Botschafterin der Freude

Ist jetzt im Leben von Gabrielle Bossis noch eine entscheidende Wende zu erwarten? Der Höhepunkt des Lebens ist bereits überschritten. Alltägliche Gewohnheiten lähmen den Elan der Seele, die Körperkräfte lassen oft schon nach. Ist es da noch möglich, zu neuen Ufern aufzubrechen? Und doch geschieht das Unfaßbare. Ein Anruf geschieht, und sie gehorcht. Eine neue Gabrielle beginnt ein neues Leben. Ein völlig verwandelter Mensch steht vor uns: die Botschafterin der Freude.

Der Pfarrer von Fresne spricht eines Tages die Bitte aus: »Mademoiselle Gabrielle, die Stücke, die ich meine jungen Mädchen spielen lassen wollte, sind so abgeschmackt. Schreiben Sie mir doch eins!« Und so schreibt Gabrielle ihr erstes Theaterstück »Der Zauber«. In ihrer Pfarrgemeinde führt man es auf; es wird ein großer Erfolg. Bald darauf spielt sie auch in den Nachbargemeinden. Von 1928 an breitet sich dieses Unternehmen immer weiter aus. Zunächst in ganz Frankreich. Doch auch diese Grenzen werden bald gesprengt. Stück um Stück entsteht: Sie spielt in Afrika, Kanada, Israel. Sie selbst studiert die Stücke ein; sie spielt auch mit den Jugendlichen der Dörfer, mit kleinen Bauernmädchen und Vorstadtkindern. Es gelingt ihr, geschlossene Theatergruppen zu entwickeln. Als ein Pfarrer einmal zweifelnd fragt, wie sie es wohl schaffen wolle, mit seinen Jugendlichen zu spielen und zu tanzen, antwortet sie: »Beunruhigen Sie sich nicht wegen des Balletts. Ich bin es ja gewöhnt, Elefanten in Gazellen zu verwandeln.« Alles setzt sie bei dieser Unternehmung ein: ihr angeborenes schauspielerisches Talent, ihre tänzerische Begabung, ihren Sinn für das Szenische, ja sogar für das Komische. Sie übernimmt oft die Hauptrolle, um die Kontinuität der Aufführung zu wahren. Auch die Kostüme sind ihr Werk. In zwei schweren Koffern werden sie von Ort zu Ort mitgeschleppt. In ihren heiteren Rollen sät sie eine überströmende Fröhlichkeit aus. Einmal hat sie eine Begegnung mit der Mistinguette, die ihr vielleicht manchen guten Ratschlag gegeben haben mag. Jetzt wird erkennbar, daß die vergangenen Jahre keine verlorenen waren. Alles setzt sie ein: ihre Fröhlichkeit, die sich bisher nur in ihren Gesellschaftskreisen auswirkte, ihre Widerstandskraft, die der Sport und die langen Wanderungen gestählt hatten, ihre künstlerischen Neigungen, das Tanzen, Musizieren, Sticken. Ihr Elan, ihre Begeisterungsfähigkeit reißen die anderen mit. So kann sie noch zwei Jahre vor ihrem Tode Theater spielen, ohne sich lächerlich zu machen. In allem muß sie rasch sein. Ihr Handeln ist lebendiger Ausdruck ihrer eigenen Worte: »Man hat keine Minute zu verlieren!«

Immer wieder ermutigt sie der Herr, wenn sie müde wird: »Fühlst du nicht, daß dies dein Auftrag ist? Also nimm jede Gelegenheit wahr, Freude zu verbreiten. Sei ein Genie der Freude!«
Sie hat den Auftrag angenommen, doch nur der Herr weiß um die Last, die ihr in solchem oft undankbarem Dienst auferlegt ist.
Ihr jahrelanges Wanderleben ist anstrengend und aufreibend. Doch sie verbreitet Freude in aller Welt um den Preis eines unsteten Lebens. Denn es gibt keine gut organisierten Reisen mit gesicherten Unterkünften. Alles muß improvisiert werden – sie ist einen Tag hier, zwei Tage dort. Die Übernachtungen in den Sälen der Jugendheime bieten keinerlei Komfort. Demütig nimmt sie alle Unbilden dieser Reisen auf sich. Berichte über diese Reisen finden wir nicht in ihren Tagebuchaufzeichnungen. Aber verfolgen wir einmal die Daten mit den Ortsangaben, die von Tag zu Tag wechseln, dann beginnen wir zu ahnen, wie atemberaubend ihr Leben in diesen Schaffensjahren war. Auch von ihren Erfolgen wissen wir von ihr selbst nichts; der Widerhall klingt nur auf durch ihre Gespräche mit dem Herrn, in denen er anspielt auf prächtige Geschenke, die man ihr machte, oder auf rührende Huldigungen, die ihr zuteil wurden. Hätte sie geahnt, daß ihr Tagebuch einmal veröffentlicht werden würde, hätte sie wohl solche Stellen gestrichen. Denn in dem ersten ihrer Hefte, deren Herausgabe sie noch überwachte, finden wir nichts darüber.
Zwei Gefahren birgt dieses Leben voller Unrast und Geschäftigkeit, diese Zeit der Erfolge und des Bewundertwerdens. Einmal, daß sie zu sehr in äußeren Dingen aufgeht, sich zu sehr an das irdische Leben verliert, so daß ihr inneres Leben Schaden leidet und sie zu lauschen verlernt. Da aber ruft sie der Herr immer wieder im rechten Augenblick zurück. Er sähe sie gern in der Rolle von Martha *und* Maria. Er achtet mit wachsender Sorge darauf, daß sie wertlose Unternehmungen aufgibt, daß im Lärm äußerer Geräusche das gesammelte Denken nicht erstirbt. Sie hört die Mahnung:
»Wenn du nicht sammelst, bin ich es, den du beraubst!«
Die zweite Gefahr ist, daß so viele Erfolge, so viel Beifall sie zum Hochmut, zur Überheblichkeit verleiten könnten. Der Herr mahnt:

»Wie schwer fällt es dir doch, klein zu sein.«
Ein einziges Mal hat sie einen großen Reisebericht von ihrer Reise nach Kanada geschrieben und vielleicht auch an eine Veröffentlichung gedacht. Da mahnt sie der Herr zum Verzicht auf den eigenen Willen:
»Denke an jene Seele, die so ruhelos war und dadurch nicht vorwärtskam. Du selbst bist es gewesen. Von heute an rühme dich deiner Reisen nicht mehr. Deine Reisen galten mir. Bewahre sie mir.«
Es mag ihr nicht leicht geworden sein, alles aufzugeben, was sie an Möglichkeiten noch in sich spürte. Welche Erfolge hätte sie bei ihrer Begabung vielleicht auf einer Bühne oder im Film erringen können! Die Versuchung war groß. Hier ihr Geständnis:
Ich dachte, wenn die Umstände es mir ermöglichten, im Film tätig zu sein, meine Berühmtheit . . . Sofort unterbrach er mich:
»Ich bewahre dich für mich allein.«
Wir wollen daher versuchen, durch die Erinnerungen mancher Zuschauer zu erfahren, welche Resonanz ihre Botschaft der Freude in der Welt fand. Alle, die sie spielen sahen, auch Bischöfe und Priester, die ihre Veranstaltungen leiteten, waren entzückt von ihren vielseitigen Talenten, der schauspielerischen Leistung und dem Charme, den sie ausstrahlte, vor allem aber von ihrer Heiterkeit. Einmal fragte sie ein Regisseur, der bei einer Aufführung assistierte: »Mademoiselle, ist Ihr Lächeln, das einen ganzen Saal in Freude zu versetzen mag, ist dieses Lächeln eingelernt, oder ist es ein natürliches Lachen?« Gabrielle antwortete mit ihrem herzgewinnenden Lachen: »Mein Herr, ich besitze nur *ein* Lachen, und das ist dieses hier!«
Bei der Aufführung ihres reizenden Stückes »Die kleine Wächterin für vier Sous« sagte Père de Parvillez in seiner Vorrede:
»Sie gefallen, Mademoiselle; und nicht nur denen, die lachen oder weinen, wenn sie Ihre Heldinnen erleben. Sie gefallen auch dem unsichtbaren Auditorium, für das – so sagt die Hl. Schrift – jeder von uns ein Schauspiel ist. Es sind Gott und die Engel, deren Urteil mehr Wert hat als alle Literaturpreise; und nach viel Arbeit wird ein Tag kommen, da wird Ihr Lohn ewig sein.«
Wenn man sie so von Ort zu Ort ziehen sah, mögen viele sie beneidet und für glücklich gehalten haben. Keiner ahnte, wie

schwer dieses Opfer war für einen Menschen, der sich ein stilles, verborgenes Leben ersehnte in der Gemeinschaft mit Gott. Am *15. Juli 1949* spricht der Herr zu ihr:
»Deine vergangenen Leiden, du wirst sie wieder vergessen. Aber sie bleiben fruchtbar vor mir.
Schon hast du die Strapazen der Reisen, die Unbill des Klimas, den Durst der Wüsten, die Ängste, die fernen Exile, die langsamen Rückreisen, die langen Mutproben, die Zeiten der Krankheit vergessen. Denke daran, daß du mir alles aufgeopfert hast. Ich aber habe alles bewahrt.«
Mit diesen Worten schließt der Herr ihr tätiges Leben ab. Noch ahnt sie nicht, daß sie niemals mehr eine Bühne betreten wird. Auch wir wollen mit diesem göttlichen Wort das Kapitel über ihr Wirken in der Welt beschließen.

4. Die Mystikerin

Wir wissen heute, daß dieses reiche und erfüllte Leben als Botschafterin der Freude nur der Hintergrund war für eine noch tiefere Lebenserfüllung, die bis über ihr irdisches Leben hinausreichen sollte.
1923 hat sie ihre weltliche Aufgabe begonnen; 1936, während ihrer Reise nach Kanada, fordert – auch für sie wohl völlig unerwartet – die Stimme zum erstenmal von ihr, aufzuschreiben, was »Er« ihr zu sagen hat. Noch begreift sie nicht, was der Herr mit ihr vorhat, aber sie gehorcht. Zögernd zuerst. Die Aufzeichnungen sind im Anfang kurz, wie hingeworfen. Im Laufe der Jahre aber entfalten sie sich bis hin zu den »Heiligen Stunden«, von denen es etwa zweihundert gibt. Erst in den letzten Lebenstagen beschließt sie dieses geistliche Tagebuch, als ihr die Feder buchstäblich aus den Händen fällt. Stellen wir nun die Frage: Was bezweckt Gott damit?, so wird zweierlei erkennbar:
1. Immer mehr übernimmt der Herr selbst die geistliche Führung dieser Seele. Fast möchte man von einer geistlichen Schulung sprechen, die sie zur Vollreife, ja bis zur Vollendung führen soll. Doch es geht ihm um mehr.
2. Wieder soll sie ihm Werkzeug werden im demütigen Dienst an anderen Seelen. Nicht für sie allein ist bestimmt, was Gott ihr zu sagen hat. Durch sie will er viele erreichen. Als die Ausgabe des ersten Heftes von »Er und ich« in Vorbereitung ist, hört sie:

15. Juli 1948.
»Meine Tochter, könntest du den Weg voraussehen, den das kleine Büchlein nehmen wird. Bete darum, daß es zu den Elendsten gehen möge, den geistig Gelähmten, den Verzweifelten, die ohne Hoffnung sind, den vor Gott Verstummten, den vom Wunsche nach Geld Besessenen. Bitte darum, daß ich durch dieses Buch ihnen begegnen möge, so wie ich einst vorüberging, heilend und alle an mich ziehend.«
Der Name der Verfasserin des kleinen Buches soll nicht bekannt werden. Erst nach dem Tode von Gabrielle Bossis tragen die späteren Hefte ihren Namen. Das Besondere an diesem »geistlichen Tagebuch« ist, daß keine Klosterfrau zu uns spricht, sondern ein Weltkind, das ein dem unsrigen ähnliches Leben geführt hat. Gabrielle bringt uns Botschaften des Trostes und der Stärkung für unsere Prüfungen und alltäglichen Aufgaben; eine Hilfe, die gerade in unserer hektischen Zeit mit all ihren Ängsten und Verunsicherungen notwendig ist. Vielleicht sogar eine Hilfe für unsere Jugend, die weniger gelehrte theologische Diskussionen sucht als eine lebendige Begegnung mit dem lebendigen Jesus von Nazareth. Hier wird uns ein Beispiel gegeben, in unseren Alltagsaufgaben, unseren Problemen, in jeder Lage und in jedem Augenblick unter den Augen Gottes zu leben. Auch das ist beglückend. Gabrielle ist so ganz Mensch, und nichts Menschliches ist ihr fremd. Auch sie hat ihre Fehler und Schwächen, auch sie versagt, scheitert an sich selbst. Und dann wird der große Freund zum ernsten Mahner. Er schenkt ihr nichts. Er tadelt, wo es notwendig ist. Schonungslos bekennt sie auch das in ihren Aufzeichnungen, nicht ahnend, wie hilfreich gerade diese Stellen für den Leser sein werden, der um seine innere Armut, um sein Versagen weiß. Mit der folgenden Mahnung trifft der Herr wohl einen Kardinalfehler der oft allzu temperamentvollen und ungeduldigen Gabrielle:
»Überwache dein Gespann mit seinen zwei Pferden, deinem Körper und deiner Seele, und zügle sie!«
Am *4. Januar 1937* heißt es:
»Richte nicht! Kennst du des anderen Herz?«
16. März 1937.
»Tu den ersten Schritt.«
22. November 1937.
»Und wenn ich mit dir umginge, wie du mit den andern umgehst?«

14. Juli 1938.
»Mit den anderen kannst du reden und dabei an etwas anderes denken. Bei mir geht das nicht.«
7. Dezember 1945. Nach der Kommunion. Ich betete gedankenlos.
»Sprichst du nicht mit deinem Vater? Wenn du dich an einen Gesprächspartner wendest, denkst du dann an andere Dinge? Wenn du das Vaterunser betest, dann stelle dich vor deinen Gott und schau ihn an.«
Es ist der *2. Februar 1950*. Harte Anklage und zugleich vergebende Liebe sprechen aus den Worten, die sie, schon vom Tode gezeichnet, niederschreibt.
»Sprich von dem Schmerz über deine Sünden. Nicht so sehr darum, weil sie dich beflecken, sondern vielmehr, weil sie mir Schmerz bereitet haben.
Denn du hattest den traurigen Mut, einen Gottmenschen zu kränken, der sein Leben für dich dahingegeben hat. Du wußtest das sehr genau ... Aber du bist ausgewichen – und unter einem Blick, der dir mit Schmerz folgte, hast du alles getan, was du wolltest und was er nicht wollte.«
Wer von uns wollte sich von solchen Worten nicht angesprochen fühlen?

5. Krankheit und Tod

Soll uns ein Werk wie das geistliche Tagebuch von Gabrielle Bossis zu einer Wegweisung für das eigene Leben werden, so genügen die Worte seiner Botschaft nicht. Es muß im Leben und Sterben dessen, der sie gebracht hat, erkennbar werden, daß es um mehr als Worte geht, ja sogar um mehr als ein Bekenntnis. Worte werden uns leicht. Sie aber zu leben ist schwer. Und nicht nur das gelebte Leben legt Zeugnis ab, mehr noch vielleicht das Sterben eines solchen Menschen. Erst im Tode besiegelt der Mensch seine Botschaft. Erst im Sterben bekundet er ihre Echtheit und Wahrhaftigkeit. Darum haben wir das Recht zu fragen: Wie starb Gabrielle Bossis?
1949 erkrankt sie; ein chirurgischer Eingriff wird gemacht. Es ist wohl Brustkrebs. Noch einmal wird sie gesund – sie glaubt es wenigstens. Noch erkennt sie nicht, wie bedroht ihr Leben bereits ist. Nach wenigen Tagen schon stürzt sie sich wieder in ihre Arbeit. Aber Gott gewährt ihr nur noch eine kurze Frist. Sie selbst sieht noch große Aufgaben vor

sich. Es ist also noch ein weiter Weg bis hin zu dem bereiten »Ja« in den letzten Lebenstagen.

Am *16. Juni 1949* nimmt sie zum letztenmal an einer Fronleichnamsprozession teil:

»Lasset euch lieben, und geht meiner Liebe entgegen. Das wird dann mein Fronleichnam, mein Fest sein.«

»Ist dir bewußt, daß es keine Unterbrechung geben kann zwischen dem Fronleichnam auf Erden und Fronleichnam im Himmel? Die Prozession hält nicht an. Der letzte Ruhealtar steht da oben. Es ist das Herz Gottes, wo die Erlösten wohnen.«

»Singe schon jetzt und bete an.«

Immer drängender und deutlicher wird nun der Anruf, sich bereit zu halten für den letzten Aufbruch:

»Siehst du dem Tode entgegen wie einem Fest, das du schon jetzt vorbereiten willst?«

Eines der letzten Worte aus gesunden Tagen (Auteuil):

»Am Abend deines Lebens wirst du anfangen, wahrhaft zu leben, wenn du daran denken wirst, daß du bald sterben wirst.«

»Buchstabiere das Alphabet der Liebe in deinem Sterben schon jetzt. Es ist die Stunde des Wiedersehens. Wie leicht wird dann der letzte Schritt sein, der noch zu tun bleibt.«

Die Leidenszeit beginnt. Im März tritt ein Rückfall ein. Eine sehr geduldige Patientin ist sie nicht. So fragt sie eines Tages den Arzt, der schon längst weiß, daß es keine Rettung mehr gibt: »Herr Doktor, wann holen Sie mich nun endlich aus dem Bett heraus?« Da sagt er ihr die ganze Wahrheit: »Ich werde Sie nie mehr herausholen!« Nun weiß sie Bescheid. Nur ein Augenblick des Staunens, des Schweigens, und sie spricht ihr Ja. Es ist so bedingungslos, daß sie die Stunde des Heimgangs nun kaum noch erwarten kann. Ungeduldig ruft sie aus: »Wenn der Tod nun einmal beschlossen ist, so möge er sich beeilen zu kommen.«

Selbstbemitleidung kennt sie nicht. Auch der Tod wird noch zu einer letzten Lebensaufgabe, ihn als Opfer bereitwillig anzunehmen, um für andere zu sühnen. Jetzt fordert der Herr noch von ihr, im Tode über sich selbst hinauszuwachsen und sich ihm zur Verfügung zu stellen für sein Erlösungswerk. Auch die Botschaften, die sie den Menschen bringen soll, sind noch nicht beendet. Sie schreibt nieder, was ihr der Herr sagt, solange sie noch zu schreiben vermag.

Es ist mir kein Lebensbericht bekannt, in dem ein Mensch uns mitnimmt in sein Sterben hinein. Es sollte daher kein Wort verlorengehen. Wir wollen Gabrielle durch ihr Leiden und Sterben begleiten.

24. März 1950. Krank.

»Es tut euch gut, von Zeit zu Zeit zu spüren, daß ihr schon nahe dem Tor seid, das euch aus dem Leben herausführt.«

»Erkenne, mit welch klarem Blick du von dort aus hinter dich schaust. Jetzt erkennst du erst die wahren Hintergründe der Welt. – Vor allem ihren Egoismus, ihre Unbedeutung für die Ehre Gottes, die allein euer Ziel sein sollte, die Sorglosigkeit um das Heil der Mitbrüder; jenes Heil, um das euer Herz brennen sollte.«

»Nennt sie mir oft, eure Schützlinge, eure Ungläubigen, eure Taubstummen. Ich werde sie einhüllen in mein nahtloses Gewand.«

30. März 1950. Krank.

»Warum solltest du nicht diese Tage der Krankheit in deinem Bett nützen, als knietest du anbetend vor dem heiligen Sakrament? Was hindert dich daran? Eine kleine Anstrengung genügte schon.«

»Warum solltest du diese Tage deiner Gefangenschaft nicht zu dreißig Tagen der Freude machen, weil jede Krankheit an der Zerstörung eures Körpers arbeitet und eure Seele dem Scheiden aus der Welt näherbringt?«

31. März 1950. Heilige Wegzehrung.

»Ich erleuchte das Nichts, das du bist, auf daß du erkennen mögest, daß du aus dir selbst nichts bist.«

8. April 1950. Krank.

»Gibt es einen einzigen Tag, eine einzige Stunde im Leben, an denen ihr fern sein könnt von mir?«

»Kannst du diese Woche oder diesen Monat einfach auslöschen? Erkennst du nicht, daß meine Forderungen sich sogar erstrecken bis hinein in eure Viertelsekunden?«

»Fühlst du in dir nicht den brennenden Wunsch, dich ganz und gar an mich auszuliefern?«

20. April 1950. Krank.

»Alle diese schweren Leiden, ich setze sie als Blüten in deine Krone. Es soll nicht sein, daß du auf deinem Haupte Dornen ohne Rosen trägst.«

»Und verbinde deine Atemnöte mit den meinen.
Atembeklemmend war es, als die Soldaten mich schlugen, als

sie mich bei Annas verhöhnten und ich bei Herodes wie ein Narr behandelt wurde. Atemberaubend war die Geißelung bei Pilatus. Ich war am Ersticken, als ich das Kreuz trug und bei meiner Kreuzigung.
Und als das Kreuz dann aufgerichtet wurde, erlitt ich Erstickungsanfälle im Todeskampf bis zum letzten Atemzug, bis zu dem letzten Aufschrei der Liebe, bis der Sieger über alles meine Seele hinwegtrug. Möge es dir in dieser Krankheit auch an Luft mangeln, wenn du nur Gott annimmst.«
27. April 1950. Herr, wie du willst!
»Es tut dir gut, dich auf meine Liebe zu verlassen. Leben oder Tod – was ist da noch wichtig für dich.«
»Du bist in meinem Herzen.«
»Du bist in meinem Willen.«
»Es genügt nicht, sein Ja zu sprechen; man muß auch seine ganze Liebe dabei einsetzen . . .«
5. Mai 1950. Erstickungsanfälle.
»Warum beunruhigst du dich?«
»Du weißt doch, daß ich da bin!«
»Opfere mir aus allen Kräften deiner Liebe den gegenwärtigen Augenblick auf; diesen winzigen Augenblick, den deine Hand ohnehin nicht festhalten kann.«
»Bediene dich meiner Liebe, der Liebe deiner Mutter und der Heiligen, die noch auf Erden weilen, und opfere mich auf in jedem deiner gegenwärtigen Augenblicke.«
11. Mai 1950. Heilige Stunde. Herr, ist dies meine letzte heilige Stunde auf Erden?
»Alle deine Stunden seien von nun an heilige Stunden. Es sind ihrer nur noch wenige vor der letzten.«
»Du bist ganz weiß gewaschen durch die Heilige Ölung, den vollständigen Ablaß. Das glaubst du doch ganz fest?
Du empfängst das Wunder der Heiligen Ölung, der Buße und der Eucharistie um meiner Verdienste willen.
Alles ist dann ausgelöscht.
Es ist meine Liebe, die das wirkt.«
»Ich will euch ja mir ähnlich machen, meine Brüder, ganz vereint mit mir durch die Fürbitte meiner Mutter.
Wenn ich euch auch zu allen Zeiten liebe, noch mehr liebe ich euch in diesem großen Augenblick des letzten Besuches.
Meine Mutter tue an dir, was sie tun muß.

Du aber bleibe in meinen Armen, wenn das äußerste Ende des Schleiers zerreißt.
Deine Aufgabe ist jetzt diese:
Bereue, bereue, bereue deine Sünden und liebe, liebe, liebe immer mehr den, der sich die Liebe nennt!«
12. Mai 1950. Schwächer. Herr, ist dein Kreuz groß genug, daß ich mich darauf an deiner Seite ausstrecken kann?
»Mein armes Kind! Der ganze Erdkreis rufe dich dorthin.«
14. Mai 1950. Schwächer.
»Ich nehme deinen Leib hin wie das Weizenkorn, das man zermalmt. Es geschieht für deine Brüder – für meine Brüder – mit dir.«
15. Mai 1950. Schwächer. Breite mir deine Arme aus. Ich kehre heim zu dir mit den kleinen Schritten eines kleinen Kindes.
16. Mai 1950. Wegzehrung. Herr! Ist es nun soweit, daß ich dir die Seele übergeben darf, die du mir mit so viel Liebe bereitet hast?
18. Mai 1950. Himmelfahrtstag.
»Vorbereitungen der Liebe. Erfreuen sie nicht schon die Liebe? Gibt es nur noch mich und meine Mutter? Und meine Engel? Und meine Heiligen? Was willst du mir sagen, wenn du ankommst? Welches sind die Worte, die ich dich hören lassen soll?
O diese Minute der Begegnung! Darauf richte jetzt deine ganze Seele. Glaube an die unendliche Liebe. Noch bist du ängstlich. Lasse dich los. Hoffe!
Komm, sage mir alles, was du bisher nicht zu sagen wagtest.«
23. Mai 1950. Wegzehrung.
»Arme, kleine Seele, die dem Ende ihres Lebens entgegengeht, an die unendliche Barmherzigkeit und allerletzte Vergebung glaubend, fürchte nichts mehr! Gib dich ganz der Liebe hin . . .«
24. Mai 1950. Mehr Kraft! Kaum sehe ich noch – kaum kann ich dich noch lieben.
»Nimm hin meinen Blick!«
»Nimm hin meine Stimme!«
»Nimm hin meine Liebe!«

6. Ausklang

Am 11. Mai hat Gabrielle Bossis die Letzte Ölung empfangen. Sie schreibt: »Ich breche zu der großen Reise auf. Gestern habe ich die Heilige Ölung empfangen. Das Brustfell ist angesteckt, und das rafft mich dahin. Magnificat! Es ist Zeit, ins Vaterhaus zurückzukehren.«

Am 25. Mai schreibt sie: Wo bist du, liebenswerte Gegenwart? Und was wird dann sein?

»Ich werde da sein.«

»Immer werde ich da sein.«

Sie nimmt die letzte Kraft zusammen, um die zu empfangen, die sie noch einmal sehen, ein letztes gutes Wort von ihr hören wollen. Sie hat schwere Erstickungsanfälle. Jeder geht in Tränen von ihr fort. Einen letzten Wunsch hat sie noch. Sie war Tertiarin der Franziskaner. Daher war es ihr erlaubt, sich im Habit begraben zu lassen. Aber wie soll sie das den anderen sagen, ohne Aufsehen zu erregen? Sie tut es schließlich auf ihre heitere Weise. Scherzend gesteht sie ihren Nichten: »Ihr wißt ja, ich habe mich immer gern verkleidet. Nun habe ich da in einem Karton noch ein gut zusammengelegtes Kostüm, das die Motten nicht beschädigt haben. Wenn es euch nichts ausmacht, zieht es mir doch an, wenn ihr mich in den Sarg legt . . .« Man hat ihre Bitte erfüllt. Erst am 9. Juni darf sie heimgehen. Morgens um 4 Uhr sah man noch nach Gabrielle. Sie war bei vollem Bewußtsein, und alles schien in Ordnung. Die Nachtwache zog sich zurück und schlief ein. Als man gegen 6 Uhr morgens nach ihr sah, war sie für immer eingeschlafen. Keiner sollte Zeuge dieses Heimgangs sein. Ihre letzte Ruhestätte hatte sie bereits zwanzig Jahre vorher für sich bereitet. Das schlichte Grabmal trägt die Inschrift:

O Christ – mein Bruder
Arbeiten in deiner Nähe
Leiden mit dir
Sterben für dich
Überleben in dir.

Geistliches Tagebuch II

1936

24. Oktober. Montreal. Er (mit leiser, zarter Stimme):
»Wenn du zerstreut bist, bin ich es, den du beraubst.«

•

Dezember. In Frankreich, auf der Straße.
Ich: »Ich gehe neben dir, Herr.«
Er: »Aber du redest nicht viel mit mir.«

•

28. Dezember.
»Sei meine Gnade für jeden.«

•

28. Dezember.
»Wenn du mich liebst, heilige ich dich.«

•

28. Dezember.
»Ich verwandle deine Gebete in meine Gebete. Aber wenn Du nicht betest – kann ich eine Pflanze zum Blühen bringen, wenn du sie nicht säest?«

1937

1. Januar.
»Rein und einfach! Das sei dein Wahlspruch für dieses Jahr.«

•

14. Februar.
»All deine Sehnsucht nach Liebe. Das ist bereits Liebe.«
»Schließe mich ein in deine Liebe.«

•

3. März. Im Zuge.
»Meine Sonnenuntergänge, auch sie sind ein Zeichen meiner Liebe.

Doch meine Geschöpfe, die sie schauen, um mich zu loben, sind nicht gerade zahlreich. Aber so ist eben die göttliche Liebe.«

•

9. März. Ich wollte nach der Heiligen Wandlung gehen.
»Gehe doch nicht so rasch fort.« *(zärtlich)*
»Ich könnte dir dann nicht alle Gnade schenken.«

•

10. März. Nantes.
»Ich bin nicht mehr auf Erden. Darum vertritt du mich.«

•

20. März. In La Lozère.
»Sei liebenswürdig und gütig, mehr noch als sonst.
Höre ihnen beim Reden zu. Es wird ihnen guttun, sprechen zu dürfen und angehört zu werden.«

•

9. April. Oran. In meinem Kämmerchen unter der Treppe.
»Strebe nach Vollkommenheit. Aber nach einer Vollkommenheit, die deinem Wesen gemäß ist.«
Er gab mir zu verstehen, daß die Vervollkommnung einer Seele nicht in gleicher Weise geschieht wie bei anderen.

•

20. April.
»Sei nicht traurig wegen deiner Zerstreutheit, selbst wenn sie längere Zeit andauert. Nimm liebevoll dort deine Betrachtung wieder auf, wo du sie abgebrochen hast.«

•

23. April. Alger.
»Wenn ich einmal nicht mit dir spreche, dann ist für dich die Zeit des Handelns gekommen.
Sprich zu den anderen so, wie du meinst, daß ich mit dir sprechen würde.
Ich werde dir dabei helfen.«

•

8. Mai. Le Fresne.
»Deine Seele freue sich an Gott. Es wird im Fegefeuer eine besondere Sühne für jene Seelen geben, die solche Freude nie gesucht haben.«

•

19. Mai. Paris. In der Metro.
»Ich bin die Hostie.
Du bist die Monstranz. Meine Gnaden seien Lichtstrahlen, die durch dich hindurchleuchten.«

•

20. Mai. Montmartre. Als ich um innere Sammlung bemüht war, sprach er zu mir:
»Der Gatte wird sich seiner Gemahlin nicht nähern, solange sie zum Fenster hinausschaut und abgelenkt ist von den Dingen draußen. Er wartet, bis sie sich dem Inneren des Zimmers wieder zuwendet.«

•

Mai:
»Urteile mehr im Guten als im Bösen, wenn du urteilen mußt.«

•

28. Mai.
»Scheue dich nicht, dich an mir zu freuen.
Sieh dieses kleine Insekt, wie es senkrecht zum Himmel aufsteigt. Tue du desgleichen.
Übe dich im Betrachten. Dann wirst du lernen, mich zu schauen, mich, den Schöpfer.«

•

30. Mai. Fronleichnam, nach der Kommunion.
»Ich habe nichts von mir im Himmel zurückgelassen. Ich schenke mich dir ganz. Gib auch du dich mir ganz hin.«

•

4. Juni. Le Fresne.
»Frage nicht nach der Meinung von diesen oder jenen. Sei nur darauf bedacht, mir Freude zu machen.«

17. Juni. Eucharistiefeier am Vorabend des Karfreitag.
»Wie teuer habe ich das Brot für meine Kinder erkauft. Du darfst dieses Brot essen, das mich so viel gekostet hat. Ich bin so glücklich, es dir reichen zu können.«

•

21. Juni.
»Bist du nicht sehr erstaunt, wenn man dir sagt, du habest in diesem oder jenem Land oder an jener Seele Gutes getan? Nicht du bist es, die das Gute tut. Ich bin es. Es geschieht durch dich hindurch.«

•

25. Juni.
»Sieh nicht Fehler, wo es sich nur um Schwächen der menschlichen Natur handelt. Was mich leiden läßt, das ist die Gleichgültigkeit.«

•

26. Juni.
»Glaubst du, daß ich im Schweigen verharre bei denen, die mit mir reden möchten?«

∘

»Ich sende diese kleinen Gnaden, damit du mir näherkommst. Sie sind gewissermaßen eine Klingelschnur, an der ich vor deiner Wohnung ziehe.«

•

Ein kleines Kind zwitscherte in seinem Wagen, während die Eltern am Postschalter waren. Er sagte zu mir: »Auch deine Liebe ist mir wie das Stammeln eines kleinen Kindes.«

•

30. Juni.
»Gebe ich dir verwelkte Margeriten oder vertrocknete Rosen? Möchten doch deine Taten von lebendiger Begeisterung und Liebe getragen sein, wenn du sie mir darbringst.«

•

30. Juni.
»Sieh, dieser Kassierer sagte zu dir, du habest ihm einmal

einen hübschen Bleistift geschenkt. Du selbst hattest es bereits vergessen, so wie manche kleinen Dinge, die du mir dargebracht hast und an die du dich nicht mehr erinnerst. Ich sage dir das, um dir Mut zu machen.«

•

30. Juni.
Ich: »Herr, werde ich es einmal vorher wissen, wann ich sterben muß?« Er antwortete, und es war, als ob er dabei lächelte:
»Mache nur recht oft Generalproben.«

•

1. Juli.
»Gib mir deine Leiden. Im Himmel kann man sie mir nicht mehr schenken.«

•

28. Juli.
»Als Hostie bin ich ein Gott der Wehrlosigkeit.
Du siehst die kleinen Vögel, wie sie sich im Garten auf deinen Stuhl, deinen Tisch und auf deinen Hut setzen. Vor einem bösen Menschen könnten sie davonfliegen. Ich, ich gehe nicht fort.«

•

28. Juli.
»Kaum hast du alle verwelkten Rosen abgeschnitten, da schenkt dir der Rosenstrauch neue Rosen. Dies ergibt eine unaufhörliche Bewegung nach vorwärts: Blüten oder Früchte. Ahme deinen Schöpfer nach.«

•

30. Juli. Als ich nach der Kommunion zerstreut war:
»Wenn man in seinem Salon Besuch von einem geliebten Menschen hat, setzt man sich nicht ans Fenster, um nach Vorübergehenden zu schauen.«

•

5. September.
»Wenn Zerstreuungen ohne dein Verschulden kommen, dann gebe ich dir dieselben Gnaden, als wenn du nicht zerstreut gewesen wärest.«

13. September. Während des Essens bei X. sprach ich wenig liebevoll über einen Abwesenden.
Er sagte zu mir:
»Warum hast du das erzählt? Du hättest es lieber für dich behalten sollen.«

•

3. Oktober.
»Dein Maß soll sein, mich maßlos zu lieben. Ich werde es dir mit Liebe vergelten.«

•

13. Oktober. Ich beklagte mich, daß ich jeden Tag dasselbe tun muß: Post erledigen, reisen, Besuche machen.
»Für mich ist dies stets neu, wenn du mich nur liebst.«

•

28. Oktober. Nach der Kommunion.
»Nichts für dich, alles für mich. Nichts ohne mich. Suche niemals den Lohn der Erde. Das ist zuwenig.«

•

30. Oktober. Auf dem Weg nach Paris.
»Du siehst den Unterschied, wie du mir und wie du dem Nächsten gegenüber bist. Begegne ihm so, wie du mir begegnest.«

•

3. November.
»Sieh, das Gebet ist wie ein Kanal. Deine Aufmerksamkeit muß ganz auf Gott gerichtet sein, sonst kann die Gnade nicht in die Seele einströmen.«

•

11. November. Kapelle der Klarissen in Bastia. Nach der Kommunion.
»Wenn ein kleines Mädchen auf seinen Vater mit großartigen Phrasen einreden würde, müßte man annehmen, daß es ihm nur ein Gedicht aufsagt.
Seinem Vater aber wäre es lieber, wenn es sich liebevoll in seine Arme würfe.«

25. November. Ajaccio. Tag mit zwei Aufführungen der »Straßensängerin«. Ich sagte zu ihm: »Du, Herr, sollst meine Rolle dabei spielen.« Er antwortete:
»Spielen mußt du. Ich aber werde die Seelen anrühren.«

•

7. Dezember. Nach der Kommunion.
»Wiederhole oft: ›Vater, dein Wille geschehe!‹
Kannst du dir eine Erde vorstellen, auf der Gottes Wille überall geschieht?«

•

22. Dezember. Nantes.
Ich: »Herr, ich schenke dir meinen heutigen Tag.«
Er: »Unseren Tag. Denn ich werde in dir mehr wirken, als du selbst vermagst.«

•

30. Dezember. In Notre-Dame. 5.30 Uhr, morgens, während meines Kreuzweges vor dem Bild der heiligen Veronika.
»Wenn du mich tröstest, werde ich mein Antlitz Deiner Seele aufprägen.«

•

31. Dezember.
»Im letzten Jahr hatte ich dir das Losungswort gegeben: ›Rein und einfach!‹
In diesem Jahr sollst du mich in meinen Brüdern lieben. Tue an ihnen das, was du an mir tun würdest.«

1938

Anfang Februar.
»Sage mir bei jedem Erwachen guten Morgen, als wenn du den Himmel beträtest.«

•

Vor dem Einschlafen.
»Sprich noch einmal das Vaterunser. Du hast es zwar schon gebetet. Aber es gibt vielerlei Weisen, es zu sprechen.«

•

Als ich wenig zufrieden mit mir war und es mich bedrückte.
»Bin ich nicht größer als deine Fehler? Bin ich nicht größer als dein armseliges Sein? Übergib mir alles.«

•

11. Februar. Zwischen Alençon und Rouen.
»Das Leben ist euch gegeben, um an euch zu arbeiten, immer wieder an euch zu arbeiten. Der Tod bewirkt dann die letzte Korrektur.«

•

»Wenn du mir einmal nichts zu sagen hast, sage mir, daß du mir nichts zu sagen weißt, und ruhe still an meinem Herzen.«

•

16. März. Rennes. Auf dem Bahnhof.
»An jedem Abend prüfe sehr genau deine Worte vom Tage. Bedenke: Wer mit Worten nicht sündigt, ist ein vollkommener Mensch.«

•

24. März. St. Gabriel. 5.30 Uhr. Kreuzweg.
Jesus wird seiner Kleider beraubt. Er machte mich darauf aufmerksam:
»Meine Kirche ist in diesem Augenblick ihrer Christen beraubt – in Rußland, Deutschland, Mexiko und anderen Ländern. Opfere mich dem Vater auf in meiner Entblößung.«

•

14. April. Tirletempt.
»Gehe auf in mir. Dann werde ich aufscheinen in dir.«

•

2. Mai. Tunis.
»Wenn du dein Bestes tust, so breitest du mich dadurch aus. Denn dein Bestes, das bin ja ich.«

•

»Ich widme mich jeder Seele, als wäre sie allein auf der Welt.«

Von Sétif nach Alger.
Ich breitete meine Seele vor ihm aus wie ein leeres Blatt.
Er: »Ich werde meine Barmherzigkeit darauf schreiben.«

•

2. Juli. Nach der Kommunion.
»Nichts für dich!
Alles für mich!
Nichts ohne mich!«

•

19. August.
»Wache über deine Gedanken. Sie gehen deinem Handeln und deinem Wort voraus. Versetze dein Denken ständig in mich. Denke an meine Mutter, deren Gedanken ganz in Gott ruhten.«

•

2. September.
Als ich darüber klagte, daß es auf Erden so wenig Freuden gäbe:
»Es ist ja eben die Erde und nicht der Himmel.«

•

8. September.
»Wenn du deinen Nächsten verwundest, verwundest du auch mich. Könntest du es ertragen, meinem Leib wehe zu tun?«

•

Nach der Kommunion bat ich ihn, mich von meinem Wankelmut und meinen Mängeln zu befreien.
Er: »Du wirst auf Erden stets Kämpfe zu bestehen haben. Das gehört zur streitenden Kirche.«

•

Lyon.
»In jedem Augenblick kannst du Tausende von Seelen retten. Denke daran. Bitte darum. Liebe!«

•

4. Oktober.
»Habe Vertrauen. Wenn du in einer Not nichts auszurichten

vermagst, denke nur: Er wird das schon in Ordnung bringen. Und dann habe Frieden in mir.«

•

5. Oktober.
Als ich meine Reisen wieder beginnen mußte, sagte ich zu ihm: »Was kann ich noch weiter für dich tun?«
»Mehr Glauben.
Mehr Hoffnung.
Mehr Liebe.«

•

16. Oktober. Veroins. Messe. 8 Uhr.
»In deinem Nächsten begegnest du Ausstrahlungen von Wahrheit, Güte und Schönheit. Doch die erste Quelle von allem bin ich.«

•

20. Oktober.
»Wenn dein Kleid einen Fleck bekommen hat, beeilst du dich, ihn zu beseitigen. Wenn du einen Fleck auf deiner Seele bemerkst, tilge ihn sofort, indem du meine Mutter und meine Barmherzigkeit anrufst.«

•

25. November.
»Liebe es, klein zu sein, da ich das Kleine liebe.«

•

25. November. Bastia.
»An jedem Tage sollst du mir sagen: Ich will heute versuchen, besser zu sein als gestern.
Und dann überlege dir, welche Gelegenheiten sich dafür bieten.«

1939

2. Januar.
»Welches Gelöbnis für dieses Jahr? Sei besorgt um meine Ehre, soweit dies in deiner Macht steht. Ich werde dir einmal die deine bereiten.«

2. Januar.
»Schaue mit den Augen des Vaters. Schaue mit den Augen des Sohnes. Und der Heilige Geist wird von dir Besitz ergreifen.«

•

»Ich habe auf Erden im Widerspruch zur Welt gelebt. Wundere dich nicht, wenn dies auch dir begegnet.«

•

9. Januar.
»Du vermagst manche zu retten, die ich noch nicht retten konnte.«

•

13. Januar.
»Wachse! Wachse in der Kraft der Gefühle von Glauben, Hoffnung und Liebe.
Sei gewiß. Wenn du mich oft darum bittest, heilig zu sein, wie sollte ich dir dies nicht gewähren? Übe dich ständig in der Hoffnung und in der Buße. Sieh! Auch alle irdischen Künste fordern ständige Übung.«

•

20. Januar. Soissons.
»Verbreite Freude überall, wo du vorübergehst.«

•

12. Februar. Nantes. Als ich versuchte, die Zahl meiner Sünden zu zählen.
»Warum zählst du sie? Ich zähle sie nicht.«

•

23. Februar. Rocamadour. Gnadenkapelle. Als ich das Heilige Antlitz verehrte.
»Wenn du meine Augen betrachtest, bitte mich, mit deinen Augen Gutes zu tun. Wenn du meine Lippen betrachtest, bitte mich, mit deinen Lippen Gutes zu reden.«

•

9. März.
»Wenn ich dir Kräfte schenke, die du für dich selbst behältst, so bleiben sie dir.

Wenn du sie aber an andere verschenkst, verhundertfachen sie sich.
Habe nur den Mut dazu.«

•

24. April. Nach der Kommunion. Ich betete das Vaterunser.
»Welches andere Gebet kommt dem gleich, das ich selbst euch gegeben habe. Liebe deine Gebete: das Vaterunser, das Ave-Maria. Du, die du künstlerische Dinge liebst, liebe auch deine Gebete. Ich aber lenke deine Worte auf deinen Lippen, wie man die Schritte eines kleinen Kindes lenkt.«

•

Als ich mich vergeblich mühte, das Vaterunser andächtig zu sprechen.
»Selbst wenn es dem kleinen Kind nicht gelingt, der Vater sieht es und ist zufrieden, weil es sich darum müht.«

•

18. Mai.
»Sieh beides zusammen: alle deine Sünden und alle meine Gnaden. Und dann singe ein Loblied.«

•

23. Mai. Lyon. Bei den Schwestern von St. Joseph.
»Du bist unruhig darüber, daß du nicht ständig an mich denkst. Und du beunruhigst dich über deine Fehler und wagst nicht mehr, zu mir aufzuschauen. Das ist nicht notwendig. Gib dich mir, wie du bist. Ich kenne doch die menschliche Natur. Und ich bin ja gekommen, um ihr zu helfen und sie zu heilen.«

•

8. Juni.
»Heute ist Fronleichnam, dein Herrenfest. Was willst du, Herr, das ich dir geben soll?«
»Die Treue in den kleinen Dingen.«

•

16. Juni. Ich dachte an alle, die mir soviel Güte und Liebe geschenkt haben.

»Aber manchmal ließen sie dich doch allein. Ich aber verlasse dich nicht. Immer bist du meinem Denken gegenwärtig.«

•

16. Juni.
»Weißt du eigentlich, was es um die Liebe eines Gottmenschen ist, die euch zu sich ruft, die eure Liebe anruft und als Antwort nur ein Lächeln erhält, das beleidigt?«

•

23. Juni. Als ich im Triebwagen schlecht über einen Fahrgast dachte.
»Urteile nicht zu schnell. Beurteile einen Menschen nicht nach seinem Äußeren.«

•

26. Juni.
»Im tiefsten Innern deines Wesens will ich wohnen. Ich werde dir Leben geben; denn das wahre Leben bin ich. Habe keinen anderen Willen als den meinen, der zugleich der Wille meines Vaters ist.
Es wird dir am letzten Tage vergolten werden.«

•

5. Juli. Bei meiner nachlässigen Kniebeuge in der Kirche.
»Wenn du daran gedacht hättest, daß ich zugegen bin, hättest du mich anders begrüßt.«

•

26. Juli. Im Garten.
»Nicht das ist mir wichtig, was du zu mir sagst. Ich liebe es einfach, dir zuzuhören.
Schon die Tatsache, daß du mit mir sprichst, genügt meiner Sehnsucht nach Vertrautheit mit dir; und ich schaue dann auf dich mit der Liebe eines Erlösers.
Wohl liebe ich auch deine Dankbarkeit, deine Huldigungen. Aber vor allem verlange ich nach jenem ›von Herz zu Herz‹.«

•

26. Juli.
»Wache sorgfältig über die Gedanken deines Herzens. Was wir im Herzen tragen, kommt gar leicht auch über unsere Lippen.«

•

30. Juli.
»Nichts in dir möge sich jemals von mir trennen. Wenn du wüßtest, wie sehr ich mich danach sehne, daß ihr mir ganz nahe seid.
Dein Gedächtnis – gib es mir.
Deinen Verstand – übergib ihn mir.
Dein Wille sei mit mir.
Und unsere Vereinigung bleibe so innig, wie meine Vereinigung mit meinem Vater.
Rufe es dir immer wieder ins Gedächtnis: Die Liebe kennt kein Getrenntsein.«

•

5. August.
»Wenn du betest: Dein Wille geschehe wie im Himmel so auf Erden, dann erbittest du die Heiligkeit aller Brüder auf Erden.
Bitte oft darum. Kannst du dir die Schönheit der Welt vorstellen, wenn der teure Wille des so guten Vaters in Wahrheit hier unten wie im Himmel droben erfüllt würde? Opfere dafür die Verdienste meiner Passion auf.
Auf daß mein Blut nicht unwirksam bleibe, gieße es aus über die Seelen, zur Ehre des Vaters.
Wie ich. Tun wir es zusammen.«

•

7. August. Als ich mich wegen der Sünden der Woche verdemütigte.
»Bitte mich aus ganzer Liebe um Verzeihung. Dann aber übergib dich meinem Herzen, um Mut und Freude wiederzufinden.«

•

8. August. Ich stieg die uralte Treppe empor.
»Sage mir bei jeder Stufe, daß du in deinem ganzen Leben von Augenblick zu Augenblick aufwärts steigen willst. Von Stufe zu Stufe soll dein Glaube, deine Hoffnung, deine Liebe größer werden.«

10. August. Im Zuge nach La Louvèse.
»Sei mein Werkzeug zu meiner Ehre. Dein ganzes Leben als Autorin, als Schauspielerin sei ein Spiel zu meiner Ehre. Sei wie ein Strohhalm im heftigen Wind. Was tut der Strohhalm? Er unterwirft sich ihm ganz, gibt sich selbst auf und überläßt sich der Macht des Windes. Keine einzige Bewegung ist noch sein eigen.«

•

24. August. Le Fresne. Als ich Gäste erwartete.
»Nimm sie auf, wie du mich aufnehmen würdest. Stelle dir vor, mit welcher Fürsorge deine Liebe mich umgeben würde. Und die gleiche Fürsorge schenke ihnen.«

•

7. September. Ich verdemütigte mich wegen so vieler Zerstreuungen.
»Opfere sie mir dennoch auf. Sie sind noch ein Teil von dir. Bitte, daß ich dies in Ordnung bringe. Tritt oft vor mich, meine Kleine.«

•

19. September.
»Wenn du allein mit deinem Leid bleibst, bist du elend. Wenn du es, mit meinem Leiden vereint, leidest, bist du reich. Du bist mächtig, das Antlitz der Erde zu verändern, Seelen zu retten, die Zahl der Christen zu vermehren und die Bösen zu bekehren.«

•

29. September. Als ich seine Nähe suchte.
»Wenn ich auch nicht mit dir spreche, so bedeutet das nicht, daß ich fern von dir bin. Ich bin gleichzeitig überall gegenwärtig und widme mich jeder Seele, als wäre sie allein auf der Welt.«

•

6. November. Ich ging an einer Kirche vorüber.
»Warum trittst du nicht ein, um mich zu sehen? Und wenn ich dir nun etwas zu sagen hätte?
Du gehst doch auch nicht an dem Hause deines besten Freundes vorüber, ohne dort einzutreten. Ja du würdest sogar diesen Besuch in deinem Tag einplanen.

Dennoch würde dich dieser vertraute Freund nicht mit solcher Sehnsucht erwarten, wie dein Erlöser es tut.
Tritt ein! Es wird dich nicht viel Zeit kosten. Du siehst, wie ich dich liebe.«

•

22. November. Saint-Clair. Heilige Stunde.
»Ist es denn so schwierig, in mir zu leben? Bin ich nicht dein Schöpfer? Er, der dich so geschaffen hat, wie du bist. Bin ich nicht ständig in dir gegenwärtig? Wie aber könnt ihr dann an einem Orte sein, an dem ich nicht bin?
Und wenn du der Fülle aller meiner Wohltaten seit deiner Geburt gedenkst, kann dein Herz sich dann so leicht scheiden von mir?«

•

»Und wenn du des Übermaßes meiner Leiden gedenkst, die dir meine Liebe bezeugten, kannst du dann etwas anderes tun, als dich dieser Liebe mit deinem ganzen Sein übergeben, bis zu deiner letzten Stunde?«

•

27. November. Advent.
»Du weißt, daß es im Himmel keinerlei Makel oder Unvollkommenheit gibt. Lebe dein Leben in Gemeinschaft mit mir. Das ist ein Weg der Wiedergutmachung, der Hingabe, der Bekehrung. Suche meine Gesellschaft. Es wäre doch traurig; ich wäre in deinem Innersten, aber ich bliebe ohne Antwort, du würdest nicht zu mir sprechen.
Ich lasse dich niemals allein. Ich wohne in dir. Lasse auch du mich nicht allein bleiben in deinem Herzen.«

•

28. November. Notre-Dame. Nach der Kommunion.
»Herr, wieviel näher wäre ich dir heute schon, wenn ich jeden Tag meines Lebens dir ein Stücklein nähergekommen wäre.«
»Wir werden die verlorene Zeit wieder einholen.«

•

4. Dezember. Ich hatte bei einer Unterhaltung viel Mühe, ein spöttisches Wort zurückzuhalten.
Da sagte die Stimme:

»Tue es, um mir Freude zu machen.«
Nach der Versuchung.
»Bist du jetzt nicht viel zufriedener? Was bedeutete die Genugtuung, dieses böse Wort zu sagen, verglichen mit der Freude, über dich den Sieg davongetragen zu haben. Gerade diese unscheinbaren Siege bergen in sich ewiges Leben. Denke daran.«

•

12. Dezember.
»Liebe. Liebe! Vollziehe oft Akte der Liebe. Denke an die Freude, mich lieben zu dürfen. Und bedenke das Unglück des Verdammten, der mich nur noch hassen kann. Nicht mehr Gott lieben können, das ist das Furchtbarste, was es gibt.«

•

Nach der Kommunion. Auf der Straße.
»Wenn du kleine Kinder besuchst, dann bringst du immer ein Geschenk für sie mit. Ich, der ich Gott bin, der Reiche, wie könnte ich in eine Seele eingehen, ohne ihr eine Gabe dazulassen. Diese Seele sieht und fühlt oft nicht diese Gaben. Aber die Engel schauen sie.
Du bist glücklich, wenn diese Kleinen dir ein fröhliches Danke sagen. Auch du sage mir in derselben schlichten Weise Dank und erwarte alles von mir, von meiner allmächtigen Freigiebigkeit.«

•

24. Dezember. Nach der Kommunion.
»Der Erlöser, herbeigerufen, herbeigesehnt – er ist da. Der Erlöser der Welt. Der Heiland für jeden, auch für dich.«

•

»Bitte mich, dich von deinen täglichen Fehlern zu heilen, von deinen tadelnswerten Gewohnheiten, von dem schlechten ›Du-selbst‹; und ich werde dich heilen.
Versuche die Nächstenliebe zu vervielfachen, die Sünden der Zunge zu meiden. Dein Herr wird dann zufrieden sein mit dir.«

•

24. Dezember. Mitternachtsmesse.
»Heute werde du mit mir geboren zu einem neuen Leben. Wache über dich. Sei wachsam. In deiner Gesinnung sei rein.«

•

26. Dezember. Nach einem Jugendtreffen.
»Nimm deine Seele in deine Hände und prüfe deinen Tag. Wäge die Liebe, die du mir im Verlauf der Stunden geschenkt hast.
Denke daran: Nach der Liebe werdet ihr gerichtet werden.«

1940

22. Januar. Kreuzweg. Erste Station.
»Du würdest mich gewissermaßen zum Tode verurteilen, wenn der Wirrwarr irdischer Gedanken in deinem Geist den Gedanken an mich auslöschen würde.«

•

20. Februar. Im Zuge nach Fresne.
»Hast du niemals darüber nachgedacht, wie sehr ich den Menschen und seinen freien Willen achte? Ich warte auf seine Liebe. Aber ich zwinge ihn nicht. Ich gebe ihm alles, dessen er bedarf, und erwarte daher seine Dankbarkeit. Ich bleibe ihm ganz nahe, unsichtbar, schweigend, wie ein Bettler, der ein Almosen begehrt.
Ihr müßt zwar den ersten Schritt auf mich zu tun. Doch mit welcher Freude werde ich dann alle weiteren Schritte tun.«

•

5. März. Nach der Kommunion.
»Wenn du merkst, daß dein Wille eigenmächtig werden will, dann lege deine Hand in die meine. Schaue auf mich, damit dein Wille sich durch mich wandle und bereit werde zu meinem Dienst.«

•

11. März. Nach der Kommunion.
»Daran werde ich erkennen, ob du mir treu bist: Während der Stunden der Arbeit beschäftige dich ausschließlich mit

deiner Arbeit. Wenn es um geschäftliche Angelegenheiten geht, widme dich ausschließlich diesen Geschäften.
Aber in den Stunden des Gebets und der Liebe soll dich nichts von mir trennen. Dann gehe ganz in mich ein und widme dich nur mir und meinen Angelegenheiten.
So sei es von nun an, meine Getreue.«

•

Angesichts der Bäume auf der Straße.
»Dein Herz möge aufblühen in Liebe, wie diese Knospen anschwellen von Leben.
Alle deine Werke, deine Liebesgedanken, deine Wünsche zu dienen, mögen sich immer wieder erneuern, wie die Natur, die sich auf neue Blüten, neue Früchte vorbereitet.«

•

12. März.
»Manchmal sagt ihr: Ach, wenn man doch mehrere Leben hätte. Denke an jedem Morgen, daß mit ihm ein neues Leben beginnt, und handle besser als gestern.
Siehst du irgendwelche Fortschritte in deiner Vervollkommnung? Vielleicht siehst du selber sie nicht. Ich aber, ich weiß darum.«

•

12. März. Karfreitag. Vor dem Ruhealtar.
»Satan weiß nicht, was Mitleid heißt.«

•

30. März.
»Du liebst deine Einsamkeit. Aber wisse: Wenn du mich um einer menschlichen Pflicht wegen verläßt, bist du mir ebenso lieb.
Und wenn du mich aus Liebe zum Nächsten allein läßt, findest du mich danach jederzeit wieder. Es wird aber ein Tag kommen, wo die Seele niemals mehr ihren Erlöser und ihren Gott verlassen wird.«

•

9. April.
»Denke nicht, daß ein Heiliger unbedingt den Menschen als Heiliger erscheint. Da sieht man nur seine äußere Natur. Doch nur das Innere zählt.

Es gibt Früchte, deren rauhe, ja sogar stachlige Haut nichts ahnen läßt von dem süßen und saftigen Geschmack des inneren Kerns. Dasselbe gilt für meine Heiligen. Ihre Heiligkeit ist verborgen in ihrem Herzen.«

•

»Bedenke: Alles, was der Hochmut tut, vergeht und bringt Unehre. Alles aber, was die Demut tut, bringt Freude und gereicht zur Ehre.«

•

14. April.
»Willst du dich nicht einem grenzenlosen Vertrauen überlassen? Beginnst du zu begreifen, daß die Worte eurer Gebete nicht dazu da sind, die Luft zu bewegen, sondern um mit ihren Pfeilen das Herz des Vaters zu treffen, der sie in Liebe empfängt.
Jedes Gebet ist ein solcher Pfeil. Seid gewiß, erhört zu sein. Ein Vater! Bedenkt dies.
Selbst wenn er euch nicht in eurem Sinne erhört, dann tut er es auf eine bessere Weise. Gehört aber werdet ihr von dem, der eures Herzens Mittelpunkt ist.«

•

19. April.
»Herr, du willst mit mir leben. Ganz allein wüßte ich nicht zu leben.
Wirst du auch mit mir sterben? Ganz allein wüßte ich nicht zu sterben.«
»So soll es sein.«

•

11. Mai. Bei einem quälenden Gedanken.
»Eine Fliege? Man verjagt sie einmal, mehrmals, und schließlich wird sie für immer davonfliegen. Eure kleinen geistigen Prüfungen sind Übungen der Frömmigkeit. Also Geduld und Freude.«

•

29. Mai.
»Meine Gnade? Oft siehst du sie nicht. Aber sie wird aufbrechen wie ein Samenkorn. Nur bereite du das Erdreich für die Aussaat.«

2. Juni.
»Ich habe euch alles gegeben. Sogar meine Mutter.«

•

3. Juni. Während ich ausfegte.
»Versuche alles, mir ähnlich zu werden. Bedenke, daß der Vater in euch mein Antlitz sucht; und daß er, wenn er mich in euch wiederfindet, seine Gerechtigkeit vergißt und nur noch ganz Liebe ist.«

•

25. Juli.
»Bringe den Kleinen wie den Großen die gleiche lächelnde Güte entgegen.
Bemühe dich vor allem bei denen darum, die dir ungut scheinen. Begegne allen mit derselben Herzlichkeit. Ihr seid in mir ja Brüder. War ich nicht aller Bruder? Dieses Vorbild sei dir immer gegenwärtig.«

•

12. August.
»Du bist zu meinen Füßen, mich betrachtend, bereit zu schreiben. Wir sind allein in der Kirche. Aber für mich vertrittst du dein ganzes Vaterland.
Bitte um Verzeihung für seine Treulosigkeiten. Bitte um Gnaden der Liebe für alle. Ich könnte sie auch ohne dich geben. Aber meine Güte bedient sich deiner, wie ich mich der Engel bedient habe, so wie dein Haupt sich deiner Glieder bedient. So sind wir eins.«

•

21. August.
»Wundere dich nicht, daß du so gebrechlich bist. Birg deine Gebrechlichkeit in meinen Händen.«

•

28. August.
»Das Gebet! Wenn du einem Kranken oder einem Menschenherzen nicht nahezukommen vermagst, bete! Dein Gebet wird Eingang finden.
Oft wird es sogar schon vor dir Eingang finden, selbst wenn er dir selbst verwehrt wird.

Doch die Seele ist dann gerettet und singt mein Lob. Das Gebet!«

•

30. August.
»Ich bin es, der die menschliche Natur geschaffen hat. Ich weiß um ihre Schwachheit, ihre Niedrigkeit.
Wundere dich nicht, daß ich euch dennoch liebe . . .
Nein, verwundere dich nicht. Ich bin ja euer Schöpfer, und ich habe unter euch gelebt.«

•

14. September.
»Denke nicht, es sei eine möglichst große Zahl von Gebeten, die euren Gott rührt. Es ist vielmehr die Art und Weise, wie ihr zu ihm sprecht.
Seid unwiderstehlich in eurer Liebe, eurer Hingabe, eurer Demut. Und wenn ihr ihn um Brot bittet, wird er euch keinen Stein geben, sondern die doppelte Ration.«

•

1. Oktober. Besuch des heiligen Sakramentes.
»So wie du bist, nehme ich dich an.
Lasse zu, daß ich dich so erwarte, nicht in deinem Sonntagsgewand.«

•

Oktober.
»Habe Geduld mit der Erde. Nicht lange mehr und es wird Ewigkeit sein.«

•

24. Oktober.
»Um der Gnade des Mysteriums Jesu willen steige in unsere Seelen hernieder.«
»Ich kann auf vielfache Weise in euch geboren werden. In deinem Denken, indem ich dich die Dinge auf neue Weise schauen lasse.
In deinen Worten, so daß sie manches auszudrücken vermögen, was du aus eigener Kraft niemals sagen könntest. In deiner Liebe, denn ohne mich ist deine Liebesfähigkeit gering. Ach! Wenn es mir doch gelänge, sie umfassender

zu machen. Wenn ich die Flamme deiner Liebe neu schüren könnte.
Wie würde dann das Leben sterben, der Tod aber voller Leben sein.
Gewährst du mir, daß ich in dir geboren werde und wachsen darf?«

•

24. Oktober.
»Du weißt, es gibt das Genie des Bösen. Bemühe dich darum, ein Genie des Guten zu sein. Sei eifrig in deinem Dienen. Sei erfinderisch im Freudeschenken. Plane schon vorher, indem dein Herz sich fragt, was das zu dir kommende Menschenkind beglücken könnte.
Um mir für meine Worte zu danken, sprich Worte, die wie ein Lächeln von mir sind. Zu allen – ohne Ausnahme.
Wie glücklich war doch gestern die kleine Arbeiterin, als sie nach einem Gespräch mit dir sagte: Nun wird dies heute ein glücklicher Tag für mich sein.«

•

4. November. Nantes.
»Glaubst du wenigstens aus vollem Herzen, daß ich euch geschaffen habe, um euch in der Ewigkeit glücklich zu machen? Dies ist eine Tat reiner Liebe, die nichts für sich begehrt, nur einen Wunsch kennt, euch unendlich glücklich zu machen. O danke mir für deine Erschaffung. Wende dein Leben mir zu. Betrachte ständig meine Liebe, die sich zu euch neigt. Und so wie du dich geliebt weißt, so liebe auch mich.
Du weißt, wieviel lebendiger eine Liebe ist, wenn man sich geliebt weiß. Sie wird dann zu einem lebendigen Zwiegespräch, bei dem Worte ganz überflüssig werden. Man liebt. – Das genügt. Ich bin dir so ganz nahe, daß du es nicht fühlst, wie ich mich dir zuneige, und es auch nicht einmal spürst, wie du dich zu mir erhebst. Aber daß der eine sich dem anderen zuwendet, auf derselben Ebene, im gleichen Austausch der Liebe, ja sogar im Austausch unserer beiden Herzen, das sei dir ganz selbstverständlich.
Doch obwohl du dich ganz hingibst, bewahrst du dir nicht nur deine eigene Persönlichkeit. Sie wird sogar wachsen.«

•

5. November.
Ich dankte ihm, daß der kranke, alte Mann so gern eingewilligt hatte zu beichten und zu kommunizieren: »Danke, Herr.«
»Aber da du mich doch darum gebeten hattest!
Glaube mir, meine Freundin, ich möchte immer nur geben, wenn ich nur jemanden finde, dem ich geben kann.«

•

9. November. Als ich voller Furcht an das Leiden dachte.
»Sei dir bewußt, daß die menschliche Natur aus sich selbst das Leiden nicht lieben kann. Auch meine menschliche Natur liebte es nicht. Aber die Übernatur bedient sich seiner als Werkzeug im Dienste Gottes, sei es für seine eigenen Absichten – und das ist das vollkommenste Leiden.
Oder sei es um der Gnaden willen, die uns zuteil werden sollen, wenn wir uns dabei dem Willen des Vaters unterwerfen.
Und immer, mein Kind, sollt ihr euer Leiden mit dem meinen vereinen:
mit den Leiden meiner Kindheit;
mit den Leiden meiner Jugendjahre;
mit den Leiden meines öffentlichen Lebens,
die ich durchlitt durch Worte und Taten und die Undankbarkeit derer, die ich liebte.
Auch mein Leid, das ich durchlitt wegen der Leiden, die ich meiner Mutter und meinen Freunden durch die Qualen meiner Passion zufügen mußte.
Laßt keines eurer kostbaren Leiden verloren sein; laßt sie eingehen in die übernatürliche Freude.«

•

14. November. Heilige Stunde. Ich versuchte, mich mit seinem Todeskampf geistig zu verbinden.
»Der letzte Abend meines Lebens in eurer Mitte. Wie war er mir doch feierlich und süß. Ich gab mich damals nicht nur den Zwölfen hin, sondern allen und jedem, bis ans Ende der Welt.
O meine Tochter! In meiner Sehnsucht war ich schon damals in euren Herzen. Ich wünschte mir vor allem, daß alle, ohne Ausnahme, doch einmal das Sakrament meiner Liebe empfangen möchten, das ich in diesem Augenblick für alle ein-

setzte. Und ich sah schon jetzt alle Wohltaten, die ihr darin empfangen würdet.
Aber in der höchsten Not meiner Agonie sah ich auch die Schändungen und Lästerungen, durch die das, was ich mit soviel Liebe vollbracht hatte, sich wandeln würde in Verderben und Haß.
Und in diesem Leiden war ich ganz allein.«

•

25. November. Ich hatte eine große Freude erlebt.
»Danke mir unmittelbar dafür, so wie du es auch bei einem geliebten Menschen tun würdest.
Ich bin ja nicht nur der Bote der Leiden, wie viele meinen. Ich bin auch der Geber der Freude, und ich liebe eure Dankbarkeit. Beraubt mich ihrer nicht. Sagt mir euren Dank.«

•

Weihnachten.
»Als Weihnachtsgabe für mich, das göttliche Kind, schenke mir von nun an beim Erwachen ein ›Guten Morgen‹.
Nicht wahr, dieses Geschenk kostet dich wahrlich nicht viel. Erinnere dich an jenen guten Priester (Abbé M.), der dir den Rat gab, an jedem Morgen das Kreuzeszeichen zu machen. Er sagte dir: Dann werden alle eure Taten in Ordnung sein, wenn ihr sie unter das Kreuz stellt.
Nach der Kommunion sagte ich in der Frühmesse: »Ich bete dich an, der du gekommen bist, das Heil zu bringen.«
»Wohl bin ich gekommen, es euch zu bringen. Aber ihr müßt es wenigstens annehmen.«

1941

1. Januar. Ich bat den Herrn um Gnade.
»Wenn die Liebe etwas von der Liebe erbittet, wird die Liebe sich nicht versagen.
Wenn es jedoch um eines Vorteils willen oder aus Furcht geschieht, daß man die Liebe bittet, dann hört sie es nur wie aus weiter Ferne.«

•

2. Januar. Ich betrachtete, wie er im Ölgarten weinte, und ich bat ihn, er möge seine Tränen in mein Herz fallen lassen.

»Ja, für Augenblicke sah ich damals die Tröstungen, die mir in der ganzen Zeitenfolge meine befreundeten Seelen schenken würden. Ich sah ihre große Sehnsucht, an meiner Stelle zu leiden, und so ließ ich ihnen die Verdienste dieser schrecklichen Todesangst zuteil werden. Denn damals habe ich alle geschaut, vom ersten bis zum letzten Menschen. Welche Last für einen Erlöser, meine Tochter. Damals standen vor meinem geistigen Auge auch alle Verbrecher, alle Frevler, alle Undankbaren; alle, die niemals bereit sein würden, mich zu lieben.

Sonst ist es euch doch selbstverständlich, jemanden zu lieben, der euch aus einer Gefahr errettet hat. Mich aber, der ich euch aus der Hölle gerettet habe, warum liebt man mich nicht? Denn wer liebt, dem wird alles vergeben. Ich bitte euch noch einmal: Man muß an die Liebe Christi glauben. Wenn ihr dies nicht tut, bereitet ihr ihm Schmerz. Auch euch würde es doch wehe tun, wenn euer Freund zu euch sagte: ›In deiner Zuneigung ist alles falsch.‹ Ihr wäret dann verletzt und würdet euch in euch selbst zurückziehen.

Oft auch hält euer geringer Glaube an die Liebe meine Gaben zurück, aus Furcht, dadurch eure Undankbarkeit zu vergrößern. So warte ich. Wenn ihr mich aber anruft, wie bin ich dann bereit, sie euch zu schenken.«

•

6. Januar. Epiphanias. Ich dachte an die Freude der Heiligen Jungfrau, als sie für ihren Sohn die Geschenke der Magier in Empfang nahm, und ich rief sie an: »Unsere fröhliche Frau.«

»Rufe sie oft so. Sie wird darüber sehr glücklich sein. Denn sie ist ja die Mutter der Freude, wie sie auch die Mutter der Schmerzen ist. Sie allein ist ›die Frau‹ – verstehst du? – in der Vollkommenheit ihres Wesens.«

•

18. Januar. Vor dem heiligen Sakrament.

»Sprich:

›Herr, bewirke, daß ich glaube.
Herr, bewirke, daß ich hoffe.
Herr, bewirke, daß ich liebe.‹

Und siehe. Ich werde für dich eintreten. Wende dich immer

wieder dem Nächsten zu, und ich werde es sein, der zu ihm geht. Laß mich durch dich sprechen; denn allein vermagst du nichts.
Sage es mir oft. Und ebensooft werde ich kommen, um an deine Stelle zu treten.«

•

24. Januar. Ich sagte: »Mein Gott.«
»Sage dies niemals, ohne daran zu denken, daß dein Gott in dir gegenwärtig ist.«

•

31. Januar. Rennes-Saint-Germain. Es läutete um 3 Uhr.
»Sagt dir dieses Geläut gar nichts? Bete mich an, der in dieser Stunde für dich stirbt, für dich sühnt. Nimm diese letzten Augenblicke meines Erdenlebens hin als ein kostbares Gut, als meinen erhabenen Willen, vor dem Vater zu leiden, um euch zu retten. Opfere ihm diese letzten Minuten der Liebe, des Ganzopfers auf, sprich zu ihm: ›O Vater, siehe hier deinen Sohn, der stirbt.‹ Lasse dich dadurch rühren. Bekehre die Sünder, schaffe Heilige, rufe Priester. Gib der Welt Frieden, den wahren Frieden. Was könntest du deinem Sohn versagen, o Vater. Er ist es ja, der in uns und durch uns betet. Erhöre uns!«

•

26. Februar. Mein Geburtstag. Ich weihte ihm die erste Stunde meines Lebens und bat ihn, daß die letzte erfüllt sein möge von Liebe.
»Bedenke dies: Man stirbt, wie man gelebt hat. Wenn in den Augenblicken, die dich noch vom Tode trennen, dein Herz erfüllt ist von mir, wenn der Eifer um mein Reich es verzehrt, wenn dich dürstet nach meiner Ehre, dann wird der Tod dich so finden, und du wirst in dem Gedanken an die ewige Liebe den Geist aufgeben.
Würde denn ein Vater, ein Gatte das Sterbebett des Menschen verlassen, den er liebt? Nun, wie sollte ich, der ich meine Kinder so sehr liebe, fern von ihnen sein, wenn sie aus dem Leben scheiden?
Hinscheiden – das währt nicht lange. Es bedeutet, die Erdenwelt zu verlassen, um in eine andere einzutreten. Das erst

ist die wahre Geburt: geboren werden zu einem Leben, das niemals mehr enden wird. Dieses Leben aber bin ich.«

•

8. März.
»Betrachte einmal den Unterschied zwischen diesen beiden Seelen: Die eine denkt nur an sich selbst und sucht in allem nur ihren eigenen Vorteil. Die andere lebt nur, um mir Beweise der Liebe und Ehre zu schenken. Sie hat sich völlig aufgegeben, indem sie sich meinem Dienst weihte. Sie ist immer fröhlich, und ihr Antlitz strahlt wider von Freude, während die andere mit viel Ängsten und Langeweile die Kette ihrer Tage mit sich schleppt. Nun aber betrachte noch einmal ihre Verschiedenheit, wenn diese beiden Seelen ihr Leben abgeschlossen haben werden!«

•

14. Mai. Nach der Kommunion.
»Opfere mich dem Vater auf, um dein verfehltes Leben wieder gut zu machen. Jede Seele lebt ein Leben guter Taten und ein Leben schlechter Taten. Manchmal mögen sie weder gut noch schlecht sein. Aber es fehlt bei ihnen das Einssein mit mir. Mach also jetzt, da du mich in deinem Herzen besitzt, alles gut, was in der Vergangenheit fehlerhaft war; in deiner eigenen Vergangenheit, in dir selbst und auch im Leben deines Nächsten.
Ich bin der unendliche Wiedergutmacher.
Wenn du bei manchen Verzichten Hunger hast, verbinde deinen Hunger mit dem meinen in der Wüste, um meinen Hunger nach Seelen zu stillen.«

•

25. Mai.
»Als ich die Eucharistie einsetzte, schaute ich alle Kommunionen, auch alle deine Kommunionen von gestern, von heute. Sei darauf bedacht, sie mit Liebe zu erfüllen, um mir so in Liebe zu danken.
Doch so wie ich mich ganz und gar hingebe, gib auch du dich ganz hin, ohne daß du auf den Gedanken kommst, irgend etwas dir vorzubehalten.«

•

28. Mai. Nach der Kommunion.

»Du bist zu klein, um dich allein zu erheben. Bitte mich darum; und erbitte es von meiner Mutter. Wir beide werden dich aufheben.

Die Frucht deiner Liebe zu mir wird sein, deinem Nächsten Freude zu schenken, auch wenn es dich deine eigene Ruhe kostet.

Diene! Diene! Willst du meine Schülerin sein?

Dann komme her zu mir!

Schaue auf mich!

Niemals verlasse mich!«

•

Mai. Ich sagte: »Herr, ich liebe dich!«

»Sage es mir immer wieder, um es mich immer von neuem hören zu lassen. Lasse es wie eine Musik länger nachklingen. Ich werde nicht aufhören, diesem Klang zu lauschen. Sage mir, warum du mich liebst. Wie diese Liebe angefangen hat. Und alles, was du für deinen Herrn tun willst. Freilich. Ich weiß dies alles. Aber es von dir aussprechen zu hören, ist mir eine köstliche Freude, als sei es jedesmal eine ganz neue Geschichte.«

•

5. Juni.

»Versenke dich in den Ozean der Ewigkeit, in jenen Frieden, der wie die Morgenröte still leuchtet.

Erinnerst du dich noch an Neapel? An die leuchtenden Farben des Himmels vor dem Aufgang der Sonne? Das ganze Firmament, das ganze Meer erstrahlte in Heiterkeit und tausend Farbabstufungen.

Vergleiche sie mit der Vollkommenheit meines Herzens und seinen Unendlichkeiten. Kannst du seine Schönheit ermessen? Bete an, auch wenn du nichts davon weißt. Und weil ihr trotz eurer Blindheit angebetet habt, wird es euch vergolten werden.«

•

10. Juni. Saint-Florent.

»Du siehst, wie glücklich die Menschen sind, wenn sie sich ein Haus bauen.

Doch täuschen sie sich, wenn sie ihr Herz daran hängen.

Diese unbewußte Sehnsucht nach einem Heim ist dem Menschen gegeben um seiner ewigen Heimat willen.«

•

3. Juli.

»Buchstabiere das Alphabet der Liebe bis in den Tod. Tue es schon heute. Deine letzten Seufzer werden dann dein ›consummatum est‹ sein. Sage es mir schon jetzt. In dieser schönen und bedeutsamen Stunde des Todes überlasse nichts dem Stegreif. Es ist ja die Stunde unserer Begegnung. Beeile dich, schon jetzt deine Gedanken daran aufzuopfern. Sie sind dann wie eine Vorbereitung auf das Sterben. Sie werden zu einer erwartungsvollen Vorfreude. Diese Freude, man wird sie nur ein einziges Mal erfahren, und man soll nicht versäumen, sie in ihrer ganzen Fülle auszukosten.

Sprich: › Wenn meine Lider sich schließen werden vor den Dingen der Erde, dann ist es dein Blick der Liebe, den meine Augen suchen werden. Wenn meine Ohren verschlossen sein werden, wird es deine Stimme sein, der ich lauschen will.‹

Nimm glücklich die Macht der letzten Augenblicke auf dich, indem du die Hand des Todes ergreifst und ihn zu deinem vertrauten Weggefährten machst, damit du besser seine Sprache verstehst und in deinem Verhalten dich ihr anpaßt. Wie gut und bereit wird dann der Abschluß deines Lebens sein und wie leicht jener letzte Schritt, der noch zu tun bleibt, um die Schwelle zur Ewigkeit zu überschreiten. Welch Lächeln wird dann in der Seele aufblühen, in seliger Erwartung.«

•

7. Juli. Nach der Kommunion.

»Dein Schatz sei dieser gegenwärtige Augenblick. Wenn du ihn mir nicht aufopferst, verlierst du diesen Schatz.«

•

25. Juli.

»Herr, irdische Dinge mögen mich niemals von dir trennen. Sie sind die Kette des Alltags, die mich fesselt.«

»Aber wie sollten diese uns trennen? Habe ich nicht auch Ärgernisse, Widerspruch, Verleumdung und Verspottung auf mich nehmen müssen? Dennoch bin ich meinen Weg nach dem Willen des Vaters weitergegangen, in dem liebevollen, kindlichen Wunsch: Alle Ehre ihm, alles für ihn. Wenn du Gott einmal schauen darfst, wirst du dies alles begreifen. Alle deine Mühsale wirf ihm zu als Sträuße der Huldigung, glücklich in der Gewißheit, daß er dich zu seiner Dienerin erwählt hat, um das Werk seines Sohnes fortzusetzen. Bedenke, was das heißt: den einzigen Sohn fortzusetzen in Guttaten, in Aufopferungen, in demütiger Liebe.«

•

14. August. Nach der Heiligen Kommunion.
»Es gibt Kinder, die alle gemeinsam erzogen werden und zu denen der Vater daher in einer allgemein verständlichen Sprache spricht. Es gibt aber auch andere, die der Vater einzeln zu sich ruft, um ihnen mehr von seinen Gedanken mitzuteilen oder ihnen seine Liebe im Geheimnis zu offenbaren.«

•

19. August. In der leeren Kirche.
»Du siehst, ich habe nur dich.«
Ich suchte einen Platz in der Nähe des Tabernakels.
»Vor allem muß dein Herz mir nahe sein.
Und wenn du dir nun vorstellst, wie ich hier den ganzen Tag über allein blieb *(der Pfarrer war verreist)*, dann ahnst du etwas von der Freude, die mir dein kurzer Besuch der Liebe schenkt.
Sage mir, ob du mit deinem Tag zufrieden bist?«
»Ich habe ungewollt jemandem Kummer bereitet und bin darüber verzweifelt.«
»Denke an das, was ich früher gesagt habe: Wenn du einmal in einer Sache nicht weiter weißt, übergib sie mir. Ich werde sie dann in Ordnung bringen. Hier nun werde ich dir Gelegenheit geben, alles durch einen Liebesdienst wieder gut zu machen.«
»Herr, sprich du immer an meiner Stelle.«
»Ich zeige dir ein Mittel: Schaue auf mich, wenn du sprichst. Du wirst dann spüren, welch liebevolle Güte aus deinen Worten klingt.«

•

Kreuzweg. Simon von Cyrene.
»Herr, kann ich dir helfen?«
»Wenn du deinem Nächsten beistehst, hilfst du auch mir.«

28. August.
»Eifer? Das heißt nicht etwa, sich damit abzuquälen, viel zu tun. Es heißt vielmehr, mit einem Herzen voller Liebe sich ganz der augenblicklichen Aufgabe hinzugeben.
Wünsche mir, daß meine Geschöpfe mir viel Gutes schenken. Wünsche mir Seelen, die heute das Fegefeuer verlassen. Teile ihre Freude, mich endlich schauen zu dürfen, und vereinige dich mit meiner Freude an ihrer Glückseligkeit. Erhebe dich! Erhebe dich oft in den Himmel!«

•

28. August. Ich dankte ihm für seine Gnaden.
»Wenn dein Vertrauen noch nicht größer sein sollte als ein Senfkorn, so ist es nötig, daran zu arbeiten, um es wachsen und aufsteigen zu lassen.
Sieh in diesen Gnaden, die dich heute besonders tief bewegt haben, meine aufmerksame Liebe, die allen Einzelheiten deines Lebens gilt: Wie ich stets über dich wache und dir überall schon voranschreite. Wohin wärest du jemals gegangen, ohne daß ich dich nicht schon erwartet hätte? Oft hast du mir deine Güter anvertraut. Aber solltest du selbst nicht für mich das höchste Gut sein? Verlasse dich immer nur auf mich, nie auf dich selbst. Übergib mir stets den gegenwärtigen Augenblick. Wo ist er besser aufgehoben als in meinen Händen? ›Er legte seine Hände auf und heilte.‹
Ich werde dich in solchen Augenblicken befreien von dem, was dich noch zu sehr an der Erde festhält: von deinem Egoismus, der deine Absichten befleckt.
Habe immer mehr Vertrauen – bis hin zum Wunder. Begrenze es nicht. Du würdest dann auch meiner Liebe Grenzen setzen. Ist dein Vertrauen erst einmal entfaltet, mußt du es immer noch mehr stärken, wenn du auch nie das Höchste erreichen wirst, das ich von euch erwarte.
Zähle immer auf mich.
Zähle niemals auf dich.
Dann wirst du vorwärts schreiten und immer höher steigen auf deinem Wege, meine Tochter.«

•

14. September. Patronatsfest. Der natürliche Blumenschmuck war herrlich.

In der leeren Kirche. »Ich freue mich, daß dein Altar so schön geschmückt ist.«

»Wenn er von frommen Seelen umgeben wäre, wie heute morgen, wäre er noch viel schöner. Aber das kannst du nicht verstehen. Du weißt ja nicht um die Herrlichkeit einer Seele. In ihr lebt ja der Atem, der Geist Gottes. Da ist nichts Materielles, wie bei einer Blume. Die Seele ist ein Geist, und ihre Schönheit erblüht mit jeder ihrer Aufmerksamkeiten: zum Beispiel einer Bitte, einem Akt der Liebe, der Ergebenheit oder der Reue, der dir nur wenig bedeutet; sie gibt ihr sogleich einen bewunderungswürdigen Anblick.

So wie ein Licht sich an einem anderen entzündet, so wachsen eure Verdienste mit dem Wachstum eurer Tugenden. Ihr sagt, daß ein Körper sich alle sieben Jahre völlig verwandelt. Was würdet ihr da wohl sagen zu der Verwandlung eurer Seelen, die der Gnade treu sind. Ach, wenn man doch der Seele täglich dieselbe Fürsorge angedeihen ließe, die man auf den Körper verwendet! Ihr wißt doch, daß er nur eine Hülle aus Staub ist.«

•

22. September. Paris auf dem Montmartre.

»Ich habe dich erwählt. Die Deinen alle, gib sie mir. Alle, die dir begegnen, alle, die deinen Weg kreuzen, deine Spielgruppen, auch Menschen, die du ein einziges Mal gesehen hast. Gib mir alle. Du weißt, mein Herz ist ein Spital. Ich pflege und heile sie.«

»Dann übergebe ich dir auch alles Böse in meiner menschlichen Natur.«

»Vereinige deine bösen Stunden mit meinen Leidensstunden, die mein Leib und mein Herz durchlitten haben. Glaube, daß ich alles heile. Ich mache alles neu.«

•

23. September. Le Fresne.

»Mich mehr besitzen, das bedeutet, mehr Liebe haben, da ich ja die Liebe bin. Nimm mich auf! Nimm mich auf!«

•

27. September. Nach der Kommunion. Ich wagte es nicht, sein Reich für die ganze Erde zu erbitten.

»Glaubst du denn nicht, daß, wenn es Tausende von Welten gäbe, mein Blut nicht die Macht hätte, sie alle zu erlösen?«

1. Oktober. Auf dem Lande.

»Wenn die Vereinigung zwischen mir und der Seele schon auf Erden begonnen hat, wie sollte ich sie aufheben, wenn die Seele ihren Körper verläßt?«

»Herr, erst in diesem Augenblick werden wir ganz deine Liebe verstehen.«

»Ja, erst dann werdet ihr anfangen, meine Liebe zu erfassen; aber dies wird sich dann fortsetzen in der Ewigkeit.«

»Wie gern möchte ich, wenn meine Seele den Leib verläßt, ganz von deiner Gegenwart umschlossen sein, selbst völlig ausgelöscht.«

»Bringe diesen Wunsch oft vor mich, nichts als mich in allem sehen zu wollen. Ich will dies annehmen als ein Geschenk von dir. Nichts anderes möge für dich zählen als mein Schmerz und meine Freude.

Opfere dich mir so ganz auf, daß du es nicht einmal mehr als Opfer empfindest. Dann wird sogar das Leiden einfach, weil es ja für mich geschieht und weil auch ich für dich gelitten habe.

Was bedeutet das Leben, wenn eine Ewigkeit auf euch wartet! Erinnerst du dich? Du sagtest: Die Ewigkeit kommt ständig auf uns zu, und die Erde wird dann nur ein ferner, kurzer Traum von einer Minute sein. Denke oft daran, um Mut zu fassen.«

•

1. Oktober.

»Wenn du anderen zu gefallen suchst, so geschehe es allein um meinetwillen. Deine Absichten seien lauter und rein. Dies muß dir so zur Gewohnheit werden, daß du aufhörst, in dir und für dich selbst zu leben.

In deinem Tun ist noch viel Menschliches, das du überwinden mußt.

Beherrsche dich – für mich.

Lege dir Zügel an – für mich.

Oft sei stumm – für mich.

Lächle – für mich.

Dann wirst du über dich hinauswachsen – um meinetwillen; und dabei wirst du soviel Freude erleben, daß du deine Liebe noch stärker einsetzen wirst: Liebe mit deinem ganzen Willen.«

•

7. Oktober. Angesichts des herrlichen Wetters sagte ich:
»Ich glaube, daß du gegenwärtig bist in den Bäumen in Gold, in den Nebeln der Wiesen, und vielleicht bist du noch in meinem Körper gegenwärtig von der Kommunion heute morgen.«
»So wenig verbirgt mich vor dir. So wenig! Glaube an diese Verborgenheit von ganzem Herzen. Was sollte ich dir nicht geben, die du meine Worte weitergibst.«
»Herr, das ist doch dein Verdienst: es ist doch meine eigene Freude.«
»Und wenn ich trotzdem freigiebig sein will? Kannst du ein Herz daran hindern, das so glücklich ist, sich zu verschenken? Bist du imstande, die Wasser des Ozeans zurückzuhalten, wenn sie über die Ufer treten?
Lasse mich dich lieben, so wie ich dich lieben will. Wann wirst du mich soweit kennen, daß meine Freigiebigkeit dich nicht mehr erstaunt? Wann wirst du bei einem Übermaß an Gnaden sagen: ›Das ist Er.‹«

•

11. Oktober. Beim Erwachen.
»Dein Tag – er umfaßt ein ganzes Leben. Wenn du erwachst, so ist dies deine Geburt. Die Messe: deine Erstkommunion. Der Tageslauf: So wie dein ganzes Leben: voller Schmerz und Freuden. Alles sei mir dargebracht, in mich versenkt; und ich werde dich in meinem Herzen voller Liebe bergen.
Bereite dich auf den Schlaf vor, wie auf den Tod – in Liebe und zu meiner Ehre.
Und morgen mögest du wieder von neuem das Leben beginnen und bei jedem deiner Schritte auf mein Herz schauen.«

•

19. Oktober.
»Herr, warum hast du uns im Vaterunser nicht um die Liebe bitten lassen?«
»Alles im Vaterunser ist Liebe.
›Unser Vater.‹ Das ist der Name einer großen *Liebe*.
›Dein Name werde geheiligt. – Dein Reich komme. – Dein Wille geschehe.‹
In diesen drei Bitten geht es um eine vollkommene Liebe, die nur noch an den heißgeliebten Vater denkt.
›Unser tägliches Brot gib uns heute.‹ Darin bittest du um die Stillung der Liebe und erbittest sie für jeden Augenblick deiner Tage.

›Wie wir vergeben unseren Schuldigern.‹ Darin liegt die Liebe zum Nächsten, indem du ihn mit der Liebe Gottes anschaust.
›Erlöse uns von dem Übel.‹ – Das einzige Übel ist das, was nicht Liebe ist.
›Amen.‹ Das heißt: Alles geschehe nach deinem Willen, dann werden wir eins sein, und das auf ewig.«

•

9. November. Auf dem Lande. Beim Aufgang der Sonne.
»Siehe, die Wolken sind nur so prächtig, weil die Strahlen der Sonne sie durchleuchten. Nachher werden sie wieder grau werden.
Genauso ist es bei deiner Seele. Sie leuchtet, wenn sie mit meinen Verdiensten bekleidet ist. Sie bleibt dunkel, wenn sie nur sich selbst gehört.«

•

13. November.
»Mein Kreuz! – Schon lange vorher ersehnte ich es, um euretwillen und um meinem Vater zu gehorchen. Es geschah zu eurem Heil.
Die Welt retten! Weißt du, was das für mich bedeutete? O danke mir, meine kleine Tochter. Meinst du, daß es viele wären, die mir bisher dafür dankten?
Dabei wurde alles nur vollendet unter der Krone der Schmerzen. Aber sie denken nicht daran. Sie glauben nicht daran. Du, die du heute abend hier bist, in unserer Einsamkeit, sage mir, um mich über die anderen zu trösten, Worte der Zärtlichkeit aus der Fülle deines Herzens. Wie Balsam wird dies für mich sein. Und ich werde beim Klang deiner Worte die Undankbaren vergessen. Ihr habt soviel Macht über mich, die euch erstaunen würde, wenn ihr um sie wüßtet. Meine Kinder. Wie sehr liebe ich euch!«

•

20. November. Le Fresne.
»Ich komme, um mit dir zu sprechen, kleine, teure Hostie.«
»Du weißt, wie sehr ich deine Einfachheit liebe. Tritt herzu. Versenke dich in mich. Wende deinen Blick ab von den Dingen der Erde, von denen selbst die größten nichts bedeuten. Jenseits von ihnen, da sei dein Aufenthalt.

Du weißt: Für die großen Bäume ist es wichtig, daß sie die Wurzeln tief in die Erde einsenken. Doch ihre Krone richten sie zum Himmel empor. Und die Vögel, gleichsam geflügelte Gedanken, finden dort ihren Ruheplatz. O daß ich für dich deine Ruhestätte sein möge. Daß du in meinem Herzen Ruhe fändest.
Schau dich an. Was bist du denn aus dir selbst? Darum habe ich dich zugedeckt mit der Last meiner Liebe. Danach verlangt meine heiße Liebe. Darum dürste danach, dich ganz an deinen großen Freund zu verlieren. In jedem Augenblick gehe in mich ein und verlasse mich niemals. Sage dir:
›Ich bin in Gott.‹
›Ich atme in Gott.‹
›Ich bewege mich in Gott.‹
Wie ein kleines Fischlein getragen wird von den tiefen Wassern. Gott ist in dir, damit du dich an ihm sättigst. Kann es eine größere Vertrautheit geben?
Darum versteife dich nicht auf deinen Eigenwillen. Gewähre mir die Freude, dir die deine zu bereiten. So einfach wird dann das Leben eines anderen Christus in den Armen Christi. Atme in mir. Nimm mich in dich hinein. Fürchte dich nicht. Werde reich. Erneuere dich. Tritt vor den Vater und erweise ihm dreifache Huldigung: Anbetung, Wiedergutmachung, Danksagung.
Sage: ›Liebe, nimm mich mir und stärke mich, entzünde und belebe mich. Verherrliche dich in meiner Niedrigkeit!‹ Und dann denke an die leidenden und streitenden Kirchen. Sie werden im Himmel erwartet. Hilf ihnen. In Liebe. Siehst du nicht, daß alles, was ich dir diktiere, aus Liebe geschieht? Man müßte es mit feuriger Kohle niederschreiben; und das wäre noch nicht genug. Wenn ich stärkere Worte gebrauchen würde, würden viele daran Anstoß nehmen. Sie legen einen so großen Abstand zwischen den Schöpfer und sein Geschöpf! Während ich sie in liebevoller Vertrautheit rufe.«

•

28. November.
»Übergib mir alles; auch deine Wünsche, sogar die am schwersten erfüllbaren. In meinen Händen wird alles einfach.
Ich fordere dein Vertrauen bis hin zum Wunder. Erst dann werde ich mit dir zufrieden sein. Hättest du dir das ausdenken können, was ich getan habe? Daß ich dich gerettet

habe durch eine schreckliche Passion und durch einen schimpflichen Tod?
Daß ich ein Sakrament eingesetzt habe wie die Eucharistie, um unter euch zu leben und von euch gegessen zu werden?
Hättest du dir eine Vergebung der schweren Sünden nach einem schlichten Geständnis und ehrlicher Reue vorstellen können? Das übersteigt alle deine Vorstellungen und Güte.
Sollte ich nicht auch jetzt Großes für dich tun können?
Hat meine Macht abgenommen?
Möchte doch jede Seele mit dir näher zu mir kommen. Lege mir alle ihre Bedürftigkeiten bloß, zeige mir alle ihre Schwächen und erflehe glühend von mir Verzeihung.
Rufe die Liebe an.
Bitte um Heiligkeit.«

•

16. Dezember.
»Sei Hostie. Dieses Wort erschreckt mich.«
»Alles, was geopfert ist, wird zu einer Hostie. Wenn du dich mir aufopferst, um Gott Freude zu machen, wirst du zur Hostie.
Eucharistie – Danksagung.«

•

18. Dezember. Buße.
»Nein. Mehr brauchst du nicht zu tun. Aber es anders tun. Mit mehr Freude bei den täglichen kleinen Prüfungen. Selbst diese langweiligen Dinge tust du für mich.
Heiligkeit besteht darin, daß man die gewöhnlichen Dinge mit Liebe erfüllt. Feuere deine Liebe an beim Anblick meiner Wunden. Nütze jede Kleinigkeit aus und vernachlässige nichts, was dich mir näher bringen könnte.
Denke an Zachäus, wie dieser auf einen Baum kletterte, in dem Wunsch, mich zu sehen. Dieses Bemühen lohnte ich ihm mit meinem Besuch.
Schau mehr auf dein Inneres als auf das Äußere: denn in deinem Inneren komme ich zu dir auf Besuch.«

2. Januar. 1942. Beim Hochamt.
»Bringe dich durch mich dem Vater dar. Übergib mir deine Sehnsucht, immer in mir zu sein. Räume dein Zuhause aus und alle unnützen irdischen Gedanken, um bei mir geborgen zu sein in den weiten Horizonten des Himmels. Gehe mit mir die Wege des Opfers. Habe keine Furcht, darin zuviel zu tun. Er hat soviel für dich getan. Er! . . .
Opfere dich auf. Aber sprich nicht davon.
Ich wünsche mir, daß es dir zur ständigen Gewohnheit werden möge, in mir zu leben. Eine solche Vereinigung, die ich so sehr mit meinem Geschöpf ersehne, vermag große Dinge zu vollbringen, zum Beispiel, mir bei Bekehrungen zu helfen. Du willst mir doch so gern helfen. Und so sage ich dir immer wieder: Versuche es. Tue die ersten Schritte. Das Weitere werde ich dann tun.«

•

2. Januar.
»Bewahre dein Gewand ohne Flecken. Ich meine: willentliche Flecken. Wenn du auf dem Lande spazierengingest und durch Brombeergestrüpp oder Gras dein weißes Kleid beschädigt würde, so hätte das wenig auf sich. Aber wenn du absichtlich Löcher hineinschneidest oder schlimme Tintenflecke hineinmachen würdest, welche Nichtachtung und welche Verachtung des Schönen wäre das.
Bei der Seele aber wiegt dies viel schwerer. Denn sie ist ja mein Ebenbild.«

•

8. Januar. Ancemis. Angesichts des Todeskampfes meiner Schwester gedachte ich seiner Agonie.
»Mein Todeskampf war gewaltsamer. Mußte Christus nicht mehr leiden, als irgendein Geschöpf auf Erden? Verbindet euren Todeskampf mit dem meinen, in Liebe und Vertrauen. Betrachte dabei meine namenlosen Schmerzen und die wenigen Tröstungen, die mir zuteil wurden.«

•

15. Januar. Nantes. Notre-Dame. Es regnete in Strömen.
»Es ist lange her, daß du mich um Ströme geistlicher und

zeitlicher Gnaden gebeten hast. Habe ich deinen Bitten nicht über alle Hoffnung hinaus entsprochen? Setze dein Vertrauen auf mich.
Bereite dich vor zu sterben. Es ist die Liebe, die man dann pflegen muß. Denn man soll einmal aus Liebe sterben. Durch häufige Akte der Liebe machst du alle jene kleinen Fehler gut, die dich quälen.
O meine Tochter. Nimm mich an als den geliebten Liebenden, solange du noch der Zeitlichkeit angehörst. Bald wird Ewigkeit sein. Dort erwirbt man keine Verdienste mehr. Die Verdienste aber sind es, die mich hier erfreuen. Werde zu einer Liebenden für alle, besonders der Sünder. Lerne zu lieben, aus Liebe zu meiner Liebe. Ihr wißt: Was ihr einem eurer Nächsten getan habt, das habt ihr mir getan.«

•

20. Januar. Zwölfte Station.
»Ja, bete für die Sünder. Bete aber auch für die Gerechten, auf daß sie heilig seien.«

•

22. Januar. Ich sagte heute bei der Kommunion: »Herr, bewirke du, daß ich heute ein anderes ›Du‹ werde.«
»Es gibt dafür ein Mittel, trotz deiner Unzulänglichkeiten und Fehler. Man muß ganz ›Nächstenliebe‹ sein, nicht nur gegenüber den an Geld Armen und gegenüber den an Glück Armen, sondern vor allem gegenüber dem Armen, der ich bin. Sei liebevoll, ganz Nächstenliebe.«

•

27. Januar.
»Erinnere dich, daß du mir versprochen hast, heute heiliger zu sein als gestern. Es möge dies dein Wahlspruch für jeden Tag sein.«

•

Ohne Datum. Basilika des Montmartre.
»Ich übergebe dir den Augenblick meines Todes, und in meinem Tod alle Tode in meiner Familie.«
»O meine Tochter. Empfiehl mir oft die Sterbenden in meinem, des Gekreuzigten Namen. Alle. Schließe niemanden aus. Auch nicht die, die du für sehr schwere Sünder hältst.

Mein Blut ist so mächtig. Meine Liebe so groß. Welche Freude ist es doch für dich und für mich, diese armen Sterbenden zu retten.«

•

12. Februar.

»Wenn du betest, schaue auf mich. Vereinige dich mit meinem ewigen Denken; sonst lenken die Zerstreuungen dich zu sehr ab.

Bedenke: Ihr seid alle verantwortlich. Eine sehr gut vollbrachte Tat vermehrt den Schatz der Kirche.

Versäume keine Gelegenheit, sowohl dich wie die anderen zu bereichern. Betrachte eingehend das Beispiel meines Lebens. Verwirkliche es in dir und beschreibe eifrig die Seiten deines Lebensbuches, die dir noch geblieben sind vor seinem Ende. Tue es mehr, um mir Freude zu bereiten, als aus Dankbarkeit.

Ich aber bin immer gegenwärtig und schaue auf dich. Ich werde mit Liebe diesen Wunsch, mir Freude zu machen, annehmen. Siehe. Sorge dich nicht um dich. Denke vielmehr an mich und gehe in mich ein. Von dort aus strahle aus auf alle. Dabei wirst nicht du es sein, der dies vollbringt. Ich werde es sein.«

»Mein Herr. Ich verspreche es, und ich wünsche es mir auch. Aber was tue ich in Wirklichkeit?«

»Meine Barmherzigkeit ist schon zufrieden mit deinem Versprechen und deinem Verlangen, aus denen allmählich Taten werden. Versprechen und Wünsche sind bereits knospenhaft Taten. Werde also niemals mutlos. Denke oft daran, daß ich bei dir bin. Wie aber könnte ich dir nahe sein, ohne zu helfen? Ist das Geschöpf dem Schöpfer nicht unendlich teuer? Wenn du wüßtest . . .«

•

15. Februar. Joue-sur-Erdre.

»Der Wille Gottes gelte dir alles: dieser teure Wille. Bitte, daß er geschehen möge im Himmel wie auf Erden. Stelle dich ihm zur Verfügung, auf daß du so werdest, wie ich dich haben will.«

•

26. Februar. Mein Geburtstag.
»Während dieses ganzen Tages nenne mich ›Vater‹. Denn ich habe dich geschaffen. Danke mir. Liebe mich dafür, daß ich dich aus dem Nichts herausgehoben habe; und liebe mich und danke mir für deinen Verstand, dein Gedächtnis, deinen Willen. Ich habe dir dies alles gegeben, bevor du mir etwas gegeben hast. Ich habe dich von aller Ewigkeit her geliebt. Du aber lebst in der Zeitlichkeit, und diese Zeit ist kurz. Nimm dir wenigstens vor, mich beständig zu lieben, als Erwiderung auf meine große Liebe.
Ich der Gott. Du das unbedeutende Nichts, gebunden an Zeit und Raum. Nenne mich auch ›deine Mutter‹. Denn der Geburtstag ist ja eigentlich das Fest einer Mutter. Welche Mutter aber ist mehr Mutter als ich?
Betrachte meine Liebe und was sie für dich getan hat. Welche Mutter hat dich gerettet, wie ich dich gerettet habe? Was dein ist, ist im tiefsten Wesen deines Seins mein. Bist du nicht mein Atem? Denke daran: Ich bin dir näher, als du selbst dir nahe bist.«
»Herr, ich wünschte mir, daß meine Seele nur noch einen Klang von sich gäbe: Meine Liebe zu dir.«
»Betrachte mich, wie man seinen Blick fest auf ein Ziel richtet. Und fange an – fange immer wieder an –, beginne jeden Tag von neuem, in Geduld, ohne jemals auf dich selbst zu zählen.«

•

5. März.
»Versetze dich im Geist in die eingeweihte Kirche von Mean. Knie nieder vor meinen armen Hostien. Bete an. Aber vor allem, liebe. Tröste mich. Ich, ich liebe die Menschen. Warum haben sie mir das angetan? Dies sind die Frevel, die ich bereits im Ölberggarten geschaut habe und die mich soviel haben leiden lassen.«

•

22. März. Nach der Kommunion.
»Du hast mich gebeten um unversiegbare Ströme des Glaubens, der Hoffnung und der Liebe. Es ist jedoch nötig, sich oft darin zu üben.
Sage:
›Ich glaube an dich, teure Liebe.

Ich hoffe auf dich, allmächtige Liebe.
Ich liebe dich, unendliche Liebe.
Und ich liebe den Nächsten um deinetwillen.
Du bist ganz für mich da.
Ich bin ganz bei dir.‹«

•

24. März. Heiliger Gabriel.

»Sei wie dein Schutzpatron, Verkünder guter Botschaft, die getragen ist von Freude. Manchmal ist es so leicht, Freude zu schenken: einem Kranken, einem Sterbenden, einem Besorgten. Tue dies in meinem Namen und als ob diese Freude die meine vermehren würde. An dich selbst denke dabei nicht. Tue alles für mich; dann wirst du die Hindernisse der Eigenliebe und des Gehemmtseins überwinden.

Gehe immer geradewegs und schlicht deinen Weg der Liebe. Beunruhige dich nicht der Menschen oder Dinge wegen. Dein Blick ruhe in dem meinen, und wenn du die Gelegenheit hattest, etwas sehr Gutes zu tun, danke mir dafür. Es ist eine Gnade, die von mir kommt. Bist du nicht glücklich, wenn ich für dich handle? Aber danke mir auch dafür, daß ich dich so sehr verwöhne, dich immer wieder erhöre, ja sogar oft deinen Bitten zuvorkomme. Bleibe fest an mir. Das ist unser Himmel auf Erden. Doch du bist darin frei, ihn zu wollen oder nicht.

Frei! Bist du willens, deine kostbare Freiheit fesseln zu lassen durch meine beiden Hände?«

•

11. April.

»Kannst du dir nicht vorstellen, daß eine Seele, die sehr oft gefallen ist, aber sich zu meinen Füßen gedemütigt hat, mir lieber ist als eine andere, die stets mit sich selbst zufrieden ist, als hätte sie sich gar nichts vorzuwerfen? Bekenne mir jeden Tag deine Reue. Gib deine Schwäche, dein Versagen zu. Sprich zu mir: ›Hilf mir, mein großer Freund. Du weißt so gut, daß ich allein nichts vermag. Mit dir vermag ich alles.‹ Und dann gehe deinen Weg weiter, im Vertrauen auf mich. Tue dies jeden Tag. Du begreifst? Selbst wenn du keine Fortschritte erkennst, dann stärke deine Geduld. Fasse einen stetigen Mut. Brauchte ich ihn nicht auch, als ich nach Kalvaria emporstieg?«

Ohne Datum. Kirche von Montrelais. Besuch des Allerheiligsten.
»Miteinander eins sein. Du verstehst? Das ganze Leben ist darin beschlossen. Nichts anderes tut not. Ich bin das Leben der Seele. Ist das nicht köstlich? Oft spürt ihr nichts von meinem Wirken in euch. Du aber glaube fest daran. Bringe dich unaufhörlich diesem Einssein dar, und mein Wirken in dir wird noch stärker werden. Du wirst oft nicht darum wissen. Aber lebe danach, um so eng mit mir in der Liebe verbunden zu sein.
Tue es, auch wenn dies die einzige Form deines Betens wäre. Dein Leben würde dann kein mittelmäßiges sein, sondern ein übernatürliches Kennzeichen tragen, dessen Wort nur dem Vater bekannt ist. Erwidere meine Liebe durch deine Liebe in Gedanken und Gebärden. Komme mir zuvor. Versuche es. Wie oft erwarte ich euch; aber ihr kommt nicht.«

•

23. April. Beim Besuch des Allerheiligsten.
»Du spürst nicht immer meine Gegenwart. Jedoch verlasse ich dich niemals. Manchmal bin ich dir besonders nahe, wie gestern im Garten, als du zu mir sagtest: ›Guten Tag, mein lieber Gott.‹ Es schien dir fast, als hörtest du meine Antwort. Ich verhülle mich um eures Glaubens willen, der noch Verdienste erwerben soll.
Du staunst oft über meine Liebe? Ja, so ist eben die Torheit eines Gottes. Das ist die wunderbare Erklärung. Glaube also ganz einfach an die Liebe eines allmächtigen Wesens, das von anderer Ordnung ist als ihr. Übergib dich seiner Allmacht, die so liebevoll und zart ist. Lasse dich besiegen von dieser Liebe und bitte um Gnade. Nimm meine Liebe, um mich zu lieben, und erhalte dir dein Vertrauen. Du weißt, das einzige, was ich nicht verzeihe, ist die Verzweiflung, weil die Verzweifelten mich für böse und grausam halten, während meine Güte unendlich ist.
Weißt du, was das heißt? ›Unendlich.‹ Also etwas, was niemals ein Ende hat. Es ist, als stünde meine Güte immer wieder an einem Anfang. Und niemals endet sie. Doch nur wenige denken darüber nach.
Wünscht mir Herzen, die Liebe der Welt, die Ehre des Namens des Vaters. Nehmt meine Interessen wahr, und verachtet die euren. Lebt so, als würdet ihr heraustreten aus

meinem Sein, nur atmend, um dorthin zurückzukehren für die Ewigkeit.
Sieh dich an als eine Verbannte und Verlorene, solange du auf den Wegen der Erde wandelst. Denke nur an den Himmel, wo ich dich erwarte. Sprich mir von deiner Ungeduld und deiner Ergebenheit, deiner Hingabe an meinen Willen, deinem brennenden Wunsch, meinem Willen zu entsprechen. Dann wird deine Demut dich stets wieder reinigen von aller Befleckung und dich heilen von deiner Sünde. Diese Tage werden vorübergehen, wie alles vorübergeht. Und dann wirst du heimkommen.«

•

24. April.
»Freude machen. Das heißt: das Beste tun. Feilsche mit niemandem; auch nicht mit denen, die dir Böses getan haben sollten. Um dich mit mir zu vereinigen, sprich: ›Ich bete mit deinem Gebet, ich arbeite mit dir, dem Arbeiter, ich spreche mit deinem Wort.‹ Lege dahinein deine ganze Liebe.«

•

30. April.
»Mein Gott, schaffe in meinem Herzen ein kleines Nest der Liebe.«
»Die Liebe? Du findest sie überall in mir: in den Wunden meiner Hände, in der Wunde meines Herzens und in allen Wunden meiner Geißelung . . . auch in jenen, welche man nicht sieht: die unsichtbaren Wunden, die mir die Sünden der Menschen zu allen Zeiten schlugen. Alle diese Wunden brennen von der Liebe eines Gottes, der für seine Geschöpfe entflammte. Ich habe dir gesagt: Das ist die Torheit eines Gottes, dessen innerste Regungen anbetungswürdig sind in ihrer Vollkommenheit. Vereinige deine arme kleine Liebe mit der Liebe, die der Menschensohn dem Vater darbringt. Wir beide zusammen werden dann große Dinge tun.
Du wunderst dich, daß ich deiner bedarf? Denke an das Wort, das ich dem heiligen Paulus gesagt habe: ›Was an den Leiden Christi noch fehlt, in der Vereinigung mit ihm werdet ihr es wirken.‹ Meine Tochter. Indem du meine Liebe betrachtest, die in dir lebendig ist, wird die deine sich entfalten; du aber wirst sie mir wiederum übergeben, damit ich

sie mehr und mehr entfalte. Hast du mich nicht oft gebeten: ›Was soll ich tun, um die Liebe in mir zu vermehren?‹ Betrachte oft die meine und bitte um sie. Was gäbe es Wichtigeres in deinem Leben zu tun, und welches Ziel wäre liebenswerter? Liebe mich überall, liebe mich immer. Lasse niemals davon ab.
Wenn du die Antwort auch nicht empfindest, so wisse, daß sie dir dennoch gegeben wurde. Du wirst das später erfahren. Liebe wie ein kleines Kind und wie eine Braut. – Liebe die Liebe.«

•

7. Mai. In der Kirche.
Ich sagte: »Welch ein Glück, daß du solch ein Tor der Liebe bist; da es uns die Freude schenkt, so geliebt zu sein.«
»Und weißt du, wie leicht es ist, Gott zu dienen, wenn man in den Bereich der Liebe tritt? Komm! – Dies sei deine Antwort. Und alles wird leicht für dich sein.
Du wirst an das denken, was er für dich getan hat, trotz deiner Unwürdigkeit; und bis zu der Grenze, die dir möglich ist, wirst du dein Bestes geben; jeden Tag, ohne zu rechnen, ohne auf deine eigenen Interessen Rücksicht zu nehmen. Und du weißt doch, wie er die geringste Mühe, die man um seinetwillen auf sich nimmt, belohnt.
Tue daher alles für deinen Gott. Nichts bleibe dir vorbehalten. Er ergreift alles, auch dich selbst, bei jeder Gelegenheit. Scheue dich daher nicht, dich im Verlauf des Tages ihm darzubringen, als Ergebnis des heiligen Opfers vom Morgen. Dann werden wir miteinander dem Vater das Lied der Liebe singen, das er mit innigem Verstehen anhört, auch wenn du selber die Klänge nicht wahrnehmen solltest. Lebe nur noch, um Liebe zu geben; und du wirst das Ziel erreichen. Gib deine Liebe allem um meiner Liebe willen; gib mich.«

•

21. Mai. Le Fresne. In meinem Zimmer.
»Glaube mir. Niemals bin ich fern von dir. Ich wohne im tiefsten Grund deiner Seele mit dem Vater und dem Heiligen Geist. Bringe dich uns dar. Gib dich ganz hin, liefere dich aus, auch wenn du nicht begreifst, indem du deine Eigenliebe, dein eigenes Denken überwindest. Alles, was du be-

sitzt, kommt ja von mir. Du, du bist absolut nichts. Dieses Nichts sei mein. Du weißt jedoch, daß ich den freien Willen des Menschen achte. Darum warte ich auf dich.
Später, wenn du einmal meine Liebe begreifen wirst, wie gern würdest du dann noch einmal zur Erde zurückkehren, allein nur, um mich zu begehren, und sei es nur für einen einzigen Augenblick, und dafür zu leiden bis zum Ende der Welt.«

•

1. Juni.
»Verbringe diesen Monat in meinem Herzen und sprich jeden Tag ein wenig mit mir. Auch wenn nichts anderes geschähe, als daß du meinen Namen in einem einzigen Satz aussprächest. Mein Herz wird dir dafür Dank wissen und dich dafür belohnen.«

•

4. Juni.
Ich sagte: »Ehre dem Vater, dem Sohne und dem Heiligen Geiste in meinem Herzen.«
»Erbitte oft unsere Ehre, denn unsere Verherrlichung, das ist eure Liebe. Was könnte uns denn mehr verherrlichen als die Liebe unserer Kinder. Und was könnte euch selbst glücklicher machen. Siehst du, alles, was ich von den Menschen fordere, geschieht um eures eigenen Glückes willen. Aber die Menschen verstehen es nicht und sehen in mir nur einen anspruchsvollen Gebieter. Ich, der ich der Sanfteste bin.
Wie dankbar bin ich denen, die mich trösten über solch sträfliches Unverständnis, solche Gleichgültigkeit und Verachtung.
Du tröstest mich, indem du mir alles übergibst, was dein ist, indem du mich durch dich sprechen und handeln läßt, indem du an nichts anderes denkst als an meine Gegenwart in dir; an mich allein denkst, für den du leben sollst. Für einen anderen leben, das ist süß. Aber für seinen Gott leben, das übersteigt alle Wonnen. Versuche es. Ich werde dir helfen. Willst du versuchen, diejenigen, die morgen zu dir kommen, in meinem Namen zu empfangen? Mit einer reinen, brüderlichen Nächstenliebe, um ihnen viel Gutes zu erweisen? Und wenn es dabei um dein eigenes Glück geht, tue es dennoch in der Absicht, mir Freude zu bereiten; denn du weißt ja, daß ich deine Heiligkeit wünsche.«

6. Juni. Messe.
»Manche suchen zwar in Andacht meine geistige Atmosphäre; aber sie schreiten nicht weiter voran. Du dringe tiefer ein. Dringe ein in mein Herz und schöpfe dort aus der Kraft des Heiligen Geistes. Du wirst mir dadurch Ehre erweisen.«
Ich betrachtete die Zeit, die eine Blume braucht, um aus dem Samen aufzusprießen.
»Das ist wie bei der Heiligkeit, die oft eine Anstrengung vieler Jahre voraussetzt.«

•

Ohne Datum. Montrelais. In der Kirche.
»Es ist eigentlich nicht notwendig, daß ich in meinem heiligen Sakrament ausgesetzt werde, damit du an meine Gegenwart glauben kannst. Wende mir deine Liebe zu. Sie geht durch die Tür des Tabernakels hindurch. Dort erwarte ich dich, dein Erlöser. Ich warte dort stets auf dich. Sorge du dafür, daß ich nicht zu lange warten muß. Und wenn ich dich dann an mein Herz nehme, wünsche aus allen deinen Kräften, der zu gleichen, die ich erwarte. Laß mich nicht von dir enttäuscht werden.«

•

19. Juni. Besuch des Allerheiligsten.
»Herr, mache die Seele deiner kleinen Tochter zu einem Strom von Licht und Güte für alle.«
»Lasse dich davon durchdringen, ja überwältigen. Gehe auf mich zu. Nichts in dir soll mich hindern, mir zu dienen in dir. Ich handle durch diejenigen, die mir ihr ganzes Sein darbieten. Gib mir deine Stimme, deinen Blick, und gehe weiter in der festen Absicht, mich handeln zu lassen, der in dir wohnt. Denke oft daran.
Bereite mir ein neues Leben in dir. Das Leben? Ich habe es dir gegeben. Gib es mir zurück, als beglückendes Geschenk von dir.
Als du deine Malstunden nahmst, da förderte der Professor manchmal deine Arbeit, indem er selbst sie verschönte. Ich handle so mit dem Gewand eurer Seele, wenn ihr es mir überlaßt. Aber man muß es mir anvertrauen, ohne auf seine eigenen Talente stolz zu sein.
O wie groß ist das Werk, das sich unter meinen Händen ver-

vollkommnen soll. Ersehne ich nicht eifrig eure Vollendung? In Liebe nehme ich dich an. In Liebe übergibst du dich mir, meine kleine Tochter. Die Liebe stehe am Anfang und am Ende jeder deiner Taten, als wären sie die meinen.
Du hast freilich nicht den Lobgesang der Liebe vernommen, der mein Leben gewesen ist. Mein Vater aber weiß es. Auch die Heiligen im Himmel wissen es. Bete sie an, auch wenn du sie nicht ganz verstehst: meine Liebestaten in Galiläa, in Juda, auf jenen Straßen, durch die du selbst einmal geschritten bist. Schon damals liebte ich dich, liebte ich alle Menschen ohne Unterschied. Liebe mich an ihrer Statt. Opfere mir diesen Wunsch auf: ›Herr, mögen alle ihre Schutzengel dir Lob singen an ihrer Stelle.‹
O wie sehr entbehre ich dieses Lob in den Herzen auf Erden.«

•

25. Juni. Kirche in Fresne. Besuch des Allerheiligsten.
»Wenn du doch meinen Glanz im Tabernakel schauen könntest . . . Meine Macht und meine Liebe und den Hof von Ehre und Liebe, mit dem meine Engel voll Inbrunst um mich stehen. Wieviel Achtung und Zerknirschung würdest du dann empfinden, und Schauer der Sehnsucht würden mit ihrer Inbrunst dich überfluten. Du würdest erfahren, daß alles außer meiner Liebe nichtig ist. Es würde dir bewußt werden, daß es keine größere Freude für dich geben kann, als mir Freude zu machen. Du könntest kaum noch etwas betrachten, was nicht ›Ich‹ ist. Denn ich bin die Anziehungskraft, der Zauber und der Zauberer. Ich bin der Himmel.
Im Tabernakel ist der Himmel gegenwärtig, zusammen mit allen, die in der Ewigkeit anbeten.
Liebe mit ihnen, singe, lobe mit ihnen. Nie kannst du darin zuviel tun, da ich dir alles gegeben habe, was du besitzt, und dir auch alle meine Verdienste geschenkt habe.«

•

30. Juni. Nach der Kommunion.
»Warum solltest du es dir nicht zur Gewohnheit machen, nach größerer Vollkommenheit zu streben. Allerdings ohne ein Gelöbnis daraus zu machen, weil dich das beunruhigen könnte. Es genügt der Wille, nicht nur alles gut zu machen,

was du tust, sondern auf die vollkommenste Weise, die dir möglich ist. Es würde mir nicht nur zu größerer Ehre gereichen; auch die Sünder hätten ihren Anteil daran.
Fürchte dich nicht. Schreite beherzt voran; wir sind beisammen.«

•

1. Juli. Ich hatte den Willen, liebend das kostbare Blut zu verehren, aber ich blieb zerstreut und gleichgültig.
»Du siehst sehr deutlich, daß du nur ein Mensch mit sehr schwankenden Gefühlen bist. Du bist unfähig wie ein Kind. Bitte mich darum, für dich einzutreten. Ich werde dir nicht widerstehen.«

•

10. Juli.
»Beginne jeden Tag ganz neu, als wäre es der erste Tag. Du stehst immer am Anfang. Erschrick darüber nicht. Ich bin da und weiß alles. Oder nicht? Doch liebe ich es, wenn du dich selbst anklagst und mir Rechenschaft ablegst. So wächst dein Vertrauen zu mir.
Und wovon solltest du sonst sprechen, wenn nicht von deinem Elend? So steht der Arme vor der Tür des Reichen.
Wenn du doch die Freude derer miterlebt hättest, die ich auf meinen Wanderungen durch Judäa heilte! Sie verließen mich und lobten Gott. Du singe dieses Lob täglich mit frohem Herzen und gib mich weiter durch deine Freude. Du willst mich doch gern weitergeben. Satan hat seine Sendboten. Sollte ich dann nicht auch die meinen haben? Und da ich ja in dir lebe, sollte ich dann nicht auch durch dich leben? Dein Leben ist ja das meine.«

•

23. Juli.
»Ich bin da. Ich erwarte dich. Wenn ihr am Morgen kommuniziert habt, erwarte ich im Laufe des Tages öfter euren Besuch, um mir Dank zu sagen. Habe ich das nicht verdient?
Wenn man kommuniziert ohne Danksagung – bedenke dies –, liegt darin nicht Herzensarmut? Ich habe mich meinen Kindern geschenkt; wer es will, darf mich empfangen. Und wer mich annimmt, empfängt den ganzen Himmel. Denn

der Himmel, das bin ich. Laß dir diese Gnade nicht zur Gewohnheit werden. Immer sei für dich ›erste heilige Kommunion‹.
Soeben wußtest du nicht, wie du das Erwachen in der Nacht nutzbar machen könntest. Mache daraus einen Anruf der Liebe, als Dank für die heilige Kommunion von heute morgen.
Der Grund deines Seins erbebe in Sehnsucht nach der Hostie, die ich selbst bin und für die ich zubereitet wurde beim heiligen Abendmahl. Die Kommunion von heute schenkt dir Gnaden, die sie gestern noch nicht für dich hatte und die sie morgen nicht mehr haben wird. Meine Liebe ist ja unendlich und vervielfältigt sich.«

•

6. August.
»Herr, verkläre dich! Verkläre dich vor meiner armen Seele.«
»Schaue viel öfter auf mich. Betrachte öfter, indem du noch mehr liebst. Du wirst mich sehen unter neuen und unendlichen Aspekten, die dir meine Liebe zeigen werden. Glaube vor allem. Pflege häufige Akte des Glaubens:
An meine Gegenwart.
An meine Allmacht.
An meine Liebe vor allem,
meine arme, so oft verkannte Liebe.
O suche ihr Freude zu bereiten; es bieten sich dir so viele kleine Gelegenheiten dazu.
Ich aber nehme auch eure kleinen Dinge mit soviel Liebe an, da ich ja der Vater, der Bräutigam bin! Versäume nichts. Trage Sorge um mein Herz. Welche Aufgabe, meine Gabrielle: Sorge zu tragen um mein Herz.«

•

18. August.
»Gewiß, ich verzeihe immer, wenn du mir deine Verfehlungen in Reue und Beschämung gestehst. Ich gehöre nicht zu jenen, die darauf aus sind, ein Versagen nur darum auszuspähen, um Gelegenheit zu haben, einen harten Verweis zu erteilen. Ich bin der Gütige. Sieh, wie leicht es den Kindern fällt, zu mir zu kommen. Bewahre auch du dir dein kindliches Herz und komm. Begreife immer mehr meine Liebe. Übergib dich ihr ganz. Mache sie zu einem Altar, den man mit Blumen und Kerzen schmückt. Sage:

›Mein großer Freund. Hier ist ein Opfer der Liebe.
Hier ist ein Schweigen der Liebe.
Hier ist ein Lächeln der Liebe.‹
So möge alles, was du tust, ein Fest der Liebe sein. Das wird mich über viele andere trösten. Es gibt nur die Liebe, die die Liebe zu trösten vermag.«

•

27. August.
Auf der Insel Mélet bot ich ihm eine Blume dar, um sein Gewand damit zu schmücken.
»Ja, bete mich an. Denke überall an mich; denn ich bin an allen Orten, und dein Gedenken ist mir lieb. Du, du bist mir immer gegenwärtig. Daher könntest du mich niemals überraschen. Denn ich bin da und warte auf dich. Wie beglükkend ist solche Begegnung. Immer ist es zu lange, daß man getrennt war, wenn man sich liebt.
Kannst du dir vorstellen, wie einmal die ewige Begegnung sein wird? Denke oft daran. Bereite schon jetzt deine Seele auf diese überschwengliche Freude und auf das Wiederfinden vor. Du weißt, wie ich die Sünde der Welt getragen habe. Du verstehst es, dir meine Verdienste zu eigen zu machen. Wie solltest du da nicht Dank sagen.
Ihr seid mein Leben. Ihr kommt von mir. Bleibet in mir mit eurem ganzen Vertrauen. Würde es euch nicht glücklich machen, von eurem besten Freund abhängig zu sein? Bin ich nicht viel mehr als ein Freund? Ich, der Heiland? Und was besitzt ihr Kostbareres als das Leben? Übergebt mir also euer Leben. Zwar habt ihr es von mir empfangen; dennoch nehme ich es an als eine mir teure Huldigung, meine guten Kinder. Euer Leben, ihr werdet es einmal in mir wiederfinden – auf ewig.
Dann erst werdet ihr verstehen, was das Leben ist, das zwischen Gott und seinem Geschöpf kreist.
Doch auch ohne zu verstehen, gehe schon jetzt auf mich zu. Tritt selber ganz zurück. Habe keine Furcht, daß meine Allmacht dich erdrücken könnte. Ich berge dich ja an meinem Herzen. Wenn du ahntest, wie sehr meine Allmacht deine Schwachheit berücksichtigt. Ich habe dir meine Arme geöffnet, bevor du mir die deinen entgegenstrecktest. Die Bewegung meines Herzens kommt der deinen zuvor; denn die Liebe wacht.«

30. August. Nach einem Platzregen.
»Siehst du, wie diese kleinen Pfützen den Himmel widerspiegeln? Betrachte Gott in Frieden. Schaue nur ihn. Er allein ist eures Blickes würdig. Du aber spiegele ihn wider.«

•

30. August. Nach der Kommunion. Während die Hostie in mein Herz herniederstieg, versuchte ich, meine Liebe, mein Gedächtnis, meinen Willen, so als wären es Gewänder, zu seinen Füßen auszubreiten.
»Auf diesen gegenwärtigen Augenblick richte deine ganze liebevolle Aufmerksamkeit. Dein ganzes Leben sei getragen von der Andacht des gegenwärtigen Augenblicks. Sie gelte nicht der Vergangenheit, nicht dem Zukünftigen, sondern allein diesem gegenwärtigen Augenblick der Liebe.«

•

10. September. Kirche von Ingrandes.
»Warum solltest du dir Grenzen setzen in den Diensten, die du deinem Nächsten erweisen kannst? Denke daran, daß ich es bin, dem du in ihnen dienst. Das wird dir Mut machen. Sie sind nun einmal notwendig, wenn man eine Heilige werden will. Verliere dieses Ziel nicht aus den Augen: Heiligkeit. Das aber bedeutet, dich darauf einzustellen, mir zu begegnen, mir ganz anzugehören. Und das ist so einfach! Glaube es! Wenn ihr dazu nicht fähig wäret, würde meine Liebe es dann von euch fordern? Nimm den gegenwärtigen Augenblick als heilig an. Mehr tut nicht not. Vertreibe Verdrießlichkeiten, Einbildungen, Komplikationen. Gib mir, dem Einfachen, in Einfachheit deine Seele.
Verstand ich es nicht, sehr einfach zu sein in meinen Gebeten auf dem Ölberg, danach in den Händen der Menschen, bis hin zum Kreuz? Zeigte ich da das Gebaren eines Gottes? Seid doch ebenso einfach, euer einziger Adel ist die Liebe eures Herzens. Nichts davon wird nach außen hin sichtbar. Du kannst ständig in meinem Herzen weilen, ohne daß jemand etwas davon weiß. Es geschieht alles allein zur Ehre des Vaters.
Muß das innere Leben nicht gegenüber dem äußeren den Vorrang haben? Muß es nicht sogar das äußere beherrschen? Doch die Königin wird zur Dienerin. Die Welt freilich handelt im Widerspruch dazu. Da gilt das Leben der Sinne mehr als ein Leben ohne Sinnlichkeit.

Mich aber findet man jenseits der Sinnenwelt. Versäume es nie, deine Nächte und Tage aus übernatürlicher Sicht zu sehen. Nicht mehr du selbst lebst in dir. Ich bin es. Bete an! Danke! Und wenn ich von dir verlange, einfach zu sein, so gilt das vor allem für deine Beziehungen zu mir. Denke nur nicht, daß ihr euch bei mir besonderer Worte und Gesten bedienen müßtet, im Vergleich zu der Sprache und dem Gebaren im Alltag. Wer ist wie Gott, daß er euch so nahe wäre wie er?«

•

17. September. Le Fresne.
»Wie kann ich mit dir reden, wenn du nicht bereit bist, mich anzuhören? Mein Herz fließt über von Strömen der Liebe, du gewähre mir die Gunst, sie aufzufangen. Und erbitte von mir die Gnade, diese Flut ausgießen zu dürfen über jede lebende Seele. Will ich nicht jedem nahe sein? Wer verhilft mir zu solcher Begegnung? Einmal sagte ich: ›Lasset alle zu mir kommen.‹ Jetzt sage ich: ›Helft mir, daß sie kommen.‹ Jene, die mich nicht kennen, jene, die mich zu wenig kennen, jene, die mich nicht einmal kennenlernen wollen. Alle erwarte ich mit brennender Liebe. Sage es ihnen. Sei für sie Vermittlerin, da du es soviel besser weißt. Wenn sie sich nur zur Reue bewegen lassen, dann sind sie schon in meinem Herzen.
Ihr kennt zu wenig das Herz eures Erlösers. Erweist ihm die Ehre, in ihm an alle Fähigkeiten der Liebe und der Barmherzigkeit zu glauben. Glaubt an die Seligkeit der Verzeihung, die im Überfluß und für immer vergibt. Ich erinnere mich nicht mehr der Sünden, wenn ich sie einmal vergeben habe. Dann berge ich euch unter meinem Mantel der Reinheit.«

•

24. September. Ich war in der Kirche ohnmächtig geworden.
»Löse dich mehr und mehr von den Dingen der Erde. Nähert sich nicht der Augenblick der Begegnung für dich und mich? Beachte meine Warnungen.
Erinnert dich das nicht an die drei Gongschläge, bevor im Theater der Vorhang aufgeht? Bereite dich heiter vor, auf der anderen Szene drüben zu erscheinen. Übe dich in der Ungeduld der Liebe, die endlich den Gegenstand ihres

Traumes besitzen möchte. Es ist der schönste Traum, den du träumen konntest. Aber du darfst gewiß sein, die Wirklichkeit wird ihn weit übertreffen.
Ich aber werde deine letzten Rufe hören; ich werde deine letzten Opfer annehmen. Ich werde deine Wünsche nach Vereinigung hören, als seien sie die Klänge einer Ouvertüre, in der der ganze Inhalt des Szenariums kurz zusammengefaßt ist; denn alle Regungen deines Lebens lassen sich zusammenfassend wiedergeben in der inbrünstigen Hingabe der letzten Augenblicke. Wird dann nicht unsere erste Begegnung gleichsam zu einer ›göttlichen Komödie‹ werden? Und ist sie nicht die Mühe wert, mit der du dich darauf vorbereitet hast in Übungen zartester Liebe?
Wie freue ich mich schon jetzt an der Seele, die mir zu gefallen sucht; an der Seele, die danach verlangt, den Leib zu verlassen. Und wie werde ich sie einmal anschauen mit Augen, wie sie begehrt hat, daß ich sie einmal anschauen möge.
Deine Kommunionen mögen von nun an dazu dienen, daß du mich darum bittest, deine Vergangenheit wieder gut zu machen. In euren Kommunionen gehe ich ein in eure Fähigkeiten und in euer Blut und bringe alles in Ordnung, so wie ihr es erbittet. Ich bin zu allen Zeiten euer Bruder und Heiland; denn meine Liebe höret nimmer auf. Und ich komme nie, ohne in euch zu wirken. Ich bin stets Tat. Darum danke mir für alles, was ich in dir wirke und übergib dich mir in dem sehnsüchtigen Verlangen, daß nichts in dir meinem Wirken widerstreben möge. Bitte, während du an meinem Herzen ruhst. Sage mir: ›Geliebte Liebe, gib mir die Gnade, dir täglich einen Sünder bringen zu dürfen.‹«

•

30. September. Kirche von Ingrandes.
»In der Hostie schlägt mein Herz, so wie es auf Erden war, so wie es heute im Himmel ist. Es gibt nicht mehrere Herzen Christi. Es gibt nur ein einziges. Glaube fest an meine Gegenwart, hier vor dir.
Tröste mich, indem du dein Herz zu meinem Herzen bringst. Sieh, wie allein ich in der leeren Kirche bin. Und dennoch habe ich meine Eucharistie eingesetzt, selbst wenn es nur eine einzige Seele wäre, die sie verkostet.
Sprich hier von deiner Ungeduld, dich mit mir vereinen zu

dürfen, von deiner Treue, hier zu verweilen. Du gehörst mir. Wie könntest du da noch dir selbst angehören? Bist du nicht glücklich, daß du ganz mein bist? Gib dich hin, gib dich immer mehr, immer öfter. Steigere deine Hingabe. Gib dich mir, und gib dich den anderen an meiner Statt.«

•

Zerstreut. »Du siehst, mein Jesus, wie meine Gedanken sich anderswohin flüchten.«
»Sage es mir. Demütige dich. Du ruhst an meinem Herzen. Ach, wenn man doch die Macht der Demut erkennen würde! Stelle dir vor, daß es in der Hölle wohl Jungfrauen gibt. Demütige aber gibt es dort nicht.«
Als ich mich entschuldigte, daß ich zu ihm so oft immer von denselben Dingen redete.
»Das tut nichts, wenn es nur aus Liebe geschieht.«

•

8. Oktober. Kirche von Fresne. Ich sagte: »Nun sind wir zwei hier ganz allein, als hätte man uns eingeschlossen.«
»Rufe während des ganzen Rosenkranzmonats meine Mutter an: Unsere Frau der Liebe. Bitte sie: ›Unsere Frau der Liebe, gib mir die Liebe.‹
So wirst du fortschreiten auf dem Wege, den du gehst. Was vermagst du denn allein? Lasse dich auf den Armen Mächtigerer tragen, wie damals, als du noch klein warst. Schäme dich nicht, daß du so ohnmächtig und unvollkommen bist. Demütige dich, um so mehr liebe ich dich. Verliere niemals den Weg der geistigen Kindheit aus den Augen und entfalte dein Vertrauen. Du darfst doch Vertrauen haben. Erinnere dich . . . Meinst du etwa, ich sei solchen Vertrauens nicht würdig?«

•

20. Oktober. Kirche von Ingrandes.
»Bei dir zu Hause sein, das heißt, bei dir daheim sein. Darum bestelle dein Haus mit Sorgfalt, schmücke es, als wäre es für uns beide. Sei darauf bedacht, mich niemals zu verlassen. Deine Haltung, deine Gesten würden sich dann wandeln. Wenn du dir nur sagst: ›Jesus ist da.‹ Dann wird dein Geist nicht unbewegt bleiben beim Hören. Tue es mit Liebe, nicht mit Furcht! Du weißt: ›Lamm, armes Lamm Gottes‹, das ist

einer der Namen, die Jesus sich selbst gibt. Liebst du nicht diesen Namen? Sagt er dir nicht etwas von der Sanftmut meines Herzens? Sanft und demütig. Darin sollst du mir auch ähnlich sein, wenn der Blick des Vaters auf dir ruht. Befleißige dich dieser beiden Tugenden. Strenge dich dabei an. Sage dir: ›Ich muß aufwärts steigen.‹ Doch mühelos steigt man nicht aufwärts. Du weißt, daß ich dir jederzeit beistehe, wenn du nur nicht auf dich selbst zählst, sondern auf mich. Tue nichts allein. Arbeite mit mir zusammen, deinem Freund, deinem Bruder, deinem Bräutigam.
O meine Gabrielle. Verliere nicht eine Minute der Liebe. Du wirst dafür eine Ewigkeit wiederfinden. Lobe Gott. Verherrliche ihn. Vereinige dich mit den großen Künstlern, den Engeln, den Heiligen, deren Chor mir unaufhörlich seinen Lobgesang darbringt. Stimme mit in ihn ein. Ich werde deine Stimme heraushören.
Glaube fest daran: Alles bleibt vor mir bestehen wie ein unauslöschliches Denkmal, auch wenn du selbst es vergessen hast. Bist du imstande, dir dein ganzes Leben zurückzurufen? Ich, ich kenne es, Minute um Minute; denn alles ist mir gegenwärtig. Dein Wille aber sei, alles wiedergutzumachen, womit du mir Kummer bereitet hast. Darum liebe! Immer und stetig. Könntest du aufhören zu atmen? Dein inneres Leben pulsiere in regelmäßigen Herzschlägen der Liebe. Wie groß wird meine Antwort darauf sein!«

•

22. Oktober. Kirche von Ingrandes.
»Du hast heute morgen erlebt, wie ein Opfer, das fröhlich dargebracht wird, gar kein Opfer mehr ist. Nur wenn man sich versagt, fällt es schwer. Da schleppt man es mit sich wie eine schwere Last. Nimm daher dein Kreuz auf deine Schulter und mache dich auf den Weg. Gehe neben mir, immer näher bei mir. Jeder Gedanke, den du mir schenkst, ist wie ein Blick, der in dem meinen ruht.«
Ich dachte an die kurzen Freundschaften auf Erden.
»Die meine gilt immer. Ihr verlaßt mich; ich aber verlasse euch nicht. Ich erwarte euch an euren Kreuzwegen wie einstmals die Jünger von Emmaus. Doch sehr oft bleibe ich allein. Jene, auf die ich wartete, haben einen anderen Weg eingeschlagen. Doch meine Blicke gehen ihnen nach, voller Sehnsucht, daß sie mir im Augenblick ihres Todes doch noch

ihre Arme entgegenstrecken mögen. Wie groß wird dann die Freude und ihr Friede sein. Sie ruhen aus an meinem Herzen.
Manchmal ist ihr schlechtes Leben dann ganz ausgelöscht. Es hat mein Blut gekostet. Bitte um solche Bekehrung. Du kannst mir damit soviel Freude bereiten.«

•

12. November.
»Verstehe mich recht, meine Tochter. Wenn ich auch selbst nicht mehr auf Erden weile, so ist doch dein Nächster da. So können alle deine Wünsche, mich zu lieben, mich zu empfangen, mir zu dienen, mir Ruhe zu geben, wie es das Haus von Martha und Maria tat, ihre Verwirklichung finden in der Gestalt deines Nächsten. Wie oft würdest du ihnen dein Lächeln schenken, wenn du in ihnen allen deinen Jesus verkörpert sähest. Bedenke dies und spare nicht mit Liebenswürdigkeiten. Ich bin es ja, der sie empfangen wird.«

•

26. November. Kirche von Ingrandes.
»Wenn du hier in der Kirche zu mir kommst, dann lasse an der Pforte alle Sorge, alle Geschäftigkeit zurück. Du bist ja bei deinem besten Freund. Nun, was sollte dir da geschehen? Denke nur an mich. Denke daran, mich zu lieben, mich zu trösten.
Sprich mir von deiner Seele. Ich bin bereit zu hören. Was gibt es Geheimeres als unsere beiden Herzen? Wer kann sie hören? Nicht einmal die Engel. Ich bin der Verschwiegenste. Schütte dein Herz vor mir aus in der Freude der Liebe. Keiner wird je deine Worte erfahren. Dieses Schweigen verbirgt sie wie in einem samtenen Kästchen.«

•

16. Dezember. Kirche von Fresne.
»Beunruhige dich nicht. Jene Dinge, für die du nichts kannst, gehen dich nichts an. Aber sie gehen mich an. Überlasse sie mir. Mehr tut nicht not. Bedarf es nicht solcher Gelegenheiten, um mir dein Vertrauen zu beweisen? Du weißt, wie sehr ich euer kindliches Vertrauen liebe. Das ist der Augenblick, wo ihr euch ganz klein zeigen dürft; für mich aber ist es die Gelegenheit, eure Sorge auf mich zu nehmen, wie ein

Gatte Sorge trägt für die Frau, die er liebt, gerade um ihrer Schwachheit willen, die seines Beistandes bedarf. Nein, dein Tun ist nicht vergeblich. Nein, du bist auch nicht auf falschem Wege; aber du mußt ihn gehen in dunkler Nacht, da alles im Schatten liegt, und in der Unsicherheit des Glaubens. Ich habe das so gewollt. Wirf dich in meine Arme. Bestätige mir, daß du glaubst, daß du hoffst, daß du liebst und alles in dir mir übergibst.«

•

16. Dezember.
»Sieh mich in allen Geschehnissen. Ich bin der, der sie lenkt. Du sollst daher alles, was ich tue, lieben. Du wirst mir deine Arme entgegenstrecken in all deinem täglichen Tun.
Übrigens: Unsere Begegnung rückt näher. Beginnen wir schon, von den Ufern aus uns die Arme entgegenzustrekken.
Von den Ufern der Zeit – zu den Ufern der Ewigkeit.
Sage mir, daß du gern von dem einen Ufer zum anderen hinüberschreiten willst, das Herz überströmend von sehnsüchtiger Freude.
Sage mir, daß von nun an deine Tage getragen sein sollen von dem Ruf deiner Liebe:
zu deinem Meister,
zu deinem erhabenen Gott,
zu deinem teuersten Freund.«

1943

1. Januar. Abends in meinem Zimmer: Losungswort für 1943: »In unserem Herzen.«
»Du berge dich in meinem Herzen. Ich werde in dem deinen sein.«

•

7. Januar. Kirche von Ingrandes.
»Mit den Königen bete mich an. Setze deine ganze Liebe darein. Auch Menschen in der Welt sagen zueinander: ›Ich verehre dich.‹ Aber bei dir geht es um Gott. Gib dich hin mit deiner ganzen Seele; und da du nichts bist, übergib dich dem, der alles ist. Du wirst größer, wenn du dich vor ihm

erniedrigst. Er ist dein einziger, dein ewiges Ziel. Ich umschließe dich von allen Seiten. Nichts in dir entgeht mir. Und ich wache über dich. Bist du nicht manchmal überrascht, wie so viele Dinge zu einem guten Ende kommen? Nun, weil ich in meiner kleinen Tochter gegenwärtig bin, die sich mir anvertraut hat.
Sei sehr wachsam in dem, was dir aufgetragen ist. Das ist der Kaufpreis für meine Gnaden. Und versuche oft, dich vor den anderen herabzusetzen. Das ist eine gute Übung. Fange damit immer wieder neu an. Versäume keine Gelegenheit, dich zu verdemütigen.«

•

Beim Erwachen.
»Du weißt, daß vor Gott alles gegenwärtig ist: mein Leben auf Erden, meine Passion, meine Opfer.
Habe den Mut zum Opfer in Vereinigung mit den meinen. Auch deine Opfer werden immer gegenwärtig sein vor Gott.«

•

14. Januar.
»Ja, um Bekehrungen zu erwirken, sind Wunder weniger notwendig als gute Worte. Diese gehen bis an das Ende der Welt. Aber notwendig ist dabei, daß das Herz des Menschen sein Nichts erkennt. Erbitte von mir für die Sünder diese Bereitschaft, sich zu verdemütigen.
Was kannst du in jenen Tagen, die dir bis zum Verlassen der Erde noch bleiben, Schöneres tun, als mir zu helfen, Sünder zu retten? Es sind ihrer so viele! War dies nicht mein tiefster Schmerz in Gethsemane?«

•

21. Januar. In der Kirche.
»Fürchtet nichts, nicht einmal den Tod. Ihn vor allem fürchtet nicht.
Es ist ja der Augenblick eures höchsten Vertrauens. Hier geschieht die allgemeine Gutmachung eures Lebens. Es ist die Tür, die sich öffnen wird. Ich aber stehe dahinter. Dieser Gedanke möge Ungeduld in dir wecken. Wie glücklich werde ich darüber sein. Ich empfinde mit euch jede Regung eures Herzens. Man muß daran glauben. Man muß an die

Liebe glauben. Habe ich dich jemals enttäuscht? Hast du in mir nicht den Erhabenen gefunden? Und doch kennst du mich so wenig.
Was wird es dann einmal für dich bedeuten: ›Von Angesicht zu Angesicht‹. Suche mich; im Evangelium, in der Schöpfung. Wenn ich mich dir einmal entziehe, suche mich dennoch.
Du weißt sehr wohl, daß solches Suchen mit einer Begegnung enden wird.«

•

27. Januar. Nach der Kommunion.
»Johannes taufte, weil er der Täufer war. Du, Herr, heiltest, weil du der Heiland warst. Ich, Herr, welches Kennzeichen trage dann ich?«
»Sei gütig zu allen, um meine Güte zu preisen.«

•

30. Januar. In meinem Zimmer.
»Warum solltet ihr nur eure Prüfungen mir aufopfern? Glaubst du nicht, daß eure Freuden mir ebensoviel Freude machen, wenn ihr nur die gleiche Liebe hineinlegt. Deine kleinsten Freuden verbinde mit deiner größten Liebe.«

•

4. Februar.
»Alles sei liebenswürdig an dir: deine Stimme, deine Worte, dein ganzes Wesen, da du ja für mich lebst.«
»Ich möchte darin gern zuverlässig sein.«
»Sage es mir immer wieder, damit kein innerer Widerspruch in dir entsteht. Mir aber machst du damit Freude.
Warum oder für wen solltest du leben? Da doch alles übrige vergeht. Ich allein bleibe. Ich allein brauche dein Leben.«

•

11. Februar. Kirche von Fresne.
»Deine Liebenswürdigkeit schenke nicht nur dem Nächsten; sie gelte für jede Beziehung, die dir mit Gott zuteil wird.
Man nennt Gott ›ganz liebenswürdig‹, und er ist es. Begegne ihm in gleicher Weise. Wie köstlich wird dann der Austausch der Herzen sein! Und wie gern werde ich deine Zuvorkommenheit annehmen. Später wirst du dies einmal sehen. Gewöhne dich daran, wie die Blinden auch im Dunkel zu

wirken. Vertraue darauf, daß meine Hand dich führt. Die größte Beleidigung, die du meinem Herzen zufügen könntest, wäre dies: an ihm zu zweifeln.
Haben wir nicht gesagt, daß nur die Liebe zählt? Und daß es nur ein Unglück gibt: Gott nicht zu lieben? Wünsche dir, der Sache Gottes dienen zu dürfen mit all deinen armseligen Kräften. Begehre niemals, für dich selber zu arbeiten. Löse dich von dir selbst. Wünsche niemals, dich mit dir selber zu befassen, außer wenn es gilt, deine Treulosigkeiten zu beweinen.
Und übe dich in dem Glauben an die Gegenwart Gottes, wo immer du dich befindest. Das wird dich anfeuern, ihn zu lieben, zu ihm zu sprechen von Herz zu Herz. Da ich ja da bin, wirf dich in meine Arme. O deine Freude ... Vergiß sie nicht. Sie verschönt deine Liebe.«

•

13. Februar. Nach der Kommunion.
»Das, was du aus eigener Kraft nicht zu erreichen vermagst, Zurückhaltung in deinen Worten und den Gedanken an meine Gegenwart, das wirst du leichter durch den Beistand meiner Mutter erlangen. Bitte sie um ihre Hilfe. Ihr habe ich damals Magdalena und die heiligen Frauen anvertraut. Wie diese verlasse mich nicht.«

•

17. Februar.
»Die Unterbrechung deiner Reisen, die Ruhe, die man im Augenblick von dir fordert, opfere sie mir auf als eine erste Vorbereitung auf den Tod; denn dann wirst du nicht mehr auf dem Schauplatz der Welt auftreten, sondern eingehen in mein ewiges Sein.
Bereite so deine zweite Geburt vor. Es ist die wahre Geburt, die den Tod nicht mehr kennt. Verwende darauf deine ganze Liebe, deren du fähig bist. Ich werde sie ergänzen.«

•

18. Februar. Als ich die Kirche betrat.
»Ich erwarte meine Kinder. Manche sind für das Leben der Gnade schon längst gestorben. Bitte für sie, daß sie mir die Freude machen, endlich an meine barmherzige Liebe zu glauben.

Andere leben zwar aus dem Leben des Vaters. Aber sie sind abgelenkt durch ihre irdische Geschäftigkeit und die Sorge um Geldgewinn.
Aber da sind auch meine Vertrautesten. Sie haben mich besser verstanden; der Eifer um mein Haus verzehrt sie, und sie verlangen danach, meine Getreuesten zu sein, wie Johannes, Lazarus, Magdalena. Sie trinken aus der Quelle selbst, aus einem Quell, der nie versiegt.«

•

18. Februar. Kirche von Fresne.
»Ich erwarte dich. Setze dich schweigend zu meinen Füßen.«
»Ja, Herr. Aber das Gewicht deiner Gnaden erschreckt mich ein wenig. Wie soll ich ihnen in würdiger Weise entsprechen?«
»Kann die Güte eines Erlösers, der in Ehrlosigkeit starb, einen Menschen jemals erschrecken? Nichts in dir vermag meinen Gnaden zu entsprechen, es sei denn die Ganzheit deiner liebenden Hingabe. So armselig dein Herz auch sein mag, ich beanspruche es ganz und gar für mich. Ich sagte dir doch: ›Ich bedarf deines Lebens.‹ Heute nun sage ich dir: ›Ich bedarf deines Herzens.‹
Du findest es seltsam, daß ein Gott ein solches Wort sprechen kann? Aber so ist es. Wie soll ich dir einen solchen Wunsch deines Gottes erklären? Kannst du dir etwa die Torheit des Kreuzes erklären? Die Torheit der Hostie? Denke daran: ›Gott ist die Liebe.‹ Doch er hält sie in Grenzen, ja, er hält sie zurück, um euer schwachen Einsicht willen. Erinnerst du dich? Ich hatte gesagt: ›Ich werde euch mein Fleisch zu essen geben.‹ Viele haben sich darauf von mir abgewandt. Ich wähle daher meine Worte so, daß du sie verstehen kannst. Ich bedarf deines armen Herzens.«

•

25. Februar. Kirche von Fresne. Ich hatte gesündigt, indem ich lächerlich über etwas gesprochen hatte.
»Du siehst den Unterschied zwischen den Antrieben der Natur und den Antrieben der Gnade, die die Natur verwandelt. Rufe die Gnade an. Deine voreiligen Worte aber halte zurück. Damit beweist du mir deine liebevolle Unterwerfung.
Sei wie ein Kind, das, bevor es etwas tut, auf seine Mutter

blickt, um ihre Zustimmung zu erhalten. Das wird für mich ein Beweis sein, daß du mich mehr liebst als dich selbst. Bringe mir vielfach solche Beweise. Welche Zartheit läge darin. Muß die Liebe nicht erfinderisch sein, um sie lebendig zu erhalten? Bringe es so weit, daß das, was dich am meisten kostet, dich nichts mehr kostet, um der Freude willen, mit der du es mir aufopferst.«

•

2. März. Kirche von . . .
»Die Kirche ist leer. Aber du bist da. Ersetze mir alle, die nur mit sich selbst beschäftigt sind, die keine Zeit haben. Du aber nimm dir Zeit und schenke sie mir. Wenn du einmal in der Ewigkeit sein wirst, dann wirst du dieser Zeit von damals große Bedeutung zumessen, meinst du nicht auch? Auf Erden seid ihr reich an Zeit; ohne jedoch euer Glück zu erkennen. Diese Zeit kann euch die Glorie erkaufen, oder Liebe, oder ein immer tieferes Wissen von Gott, also Verdienste über Verdienste. Aber man läßt diese kostbare Zeit verlorengehen.«

•

11. März. Kirche von Fresne.
»Bist du mir treu? Ich meine die Treue im kleinen. Du weißt: Auch die kleinen Dinge, die geringen Gelegenheiten darf man in meinem Dienst nicht vernachlässigen.
Sei immer bereit. Bereit, mich zu lieben, indem du heute meinen Willen tust, in dieser Stunde, in diesem gegenwärtigen Augenblick, den meine Vorsehung dir bestimmt hat, wie so viele andere zuvor. Es kostet dich am Anfang einige Anstrengung, eine erste Bereitschaft des Willens. Nachher geschieht das Weitere ganz von allein. Aber diese erste Willensanstrengung für sich, ja gegen sich ist notwendig; und wenn man dafür Gnade erbittet, werden sich allmählich die schlechten Gewohnheiten verlieren.
So übergib mir den Garten deiner Seele. Ich werde das Böse ausreißen, wenn du selbst die Kraft nicht dazu hast. Die seltenen Blumen aber werde ich wachsen lassen. Ich bin es, der sie gepflanzt hat, und ich werde mich ihrer annehmen. Du selbst würdest alles durcheinanderbringen. Darum übergib alles vertrauensvoll mir. Ich bin der gute Gärtner. Es ist jetzt die Zeit, wo man auf den kraftstrotzenden Stamm

das edle Reis aufpfropft. Meinst du nicht, daß wir noch Zeit haben werden, Blüten und Früchte zu schauen?«

•

18. März. Kirche von Fresne.

»Demütige dich! Scheust du dich, dich vor mir zu demütigen? Ich kenne ja doch deine Seele. Doch liebe ich es, daß du deine Schwachheit erkennst und sie mir gestehst. Ich bin der Starke. Möchtest du mir nicht deine Schwächen anvertrauen? Erkenne deine Unfähigkeit, deine kurze Ausdauer. Zu wem solltest du sonst gehen, um das Heilmittel zu erbitten? Wenn nicht zu deinem Heiland? Suche ich nicht immerfort, meine Geschöpfe zu retten?

Lade mich in deine Gärten ein. Vergiß nicht, daß ich alles geschaffen habe, auch die Blumen und die Schmetterlinge, die dich bezaubern. Ich tat es um eurer Freude willen. Für euch schuf ich diese Natur mit ihren Düften. Füı dich schuf ich sie. Sind meine Geschenke nicht köstlich und prächtig? Aber denken wohl viele daran, mir heute für diesen strahlenden Frühlingstag zu danken? Du aber sprich ganz leise zu meinem Herzen von dem Jubel des deinen.

Du beobachtetest heute morgen, wie hoch zuerst die Pflanzen emporwachsen, ehe sie dem Himmel ihre Blüten öffnen. Tue du das gleiche. Ermüde nicht, dich immer wieder Gott zuzuwenden mit einem liebevollen Wort. Darin liegt keine Kühnheit, sondern die Einfalt eines Kindes. Willst du dies zur Gewohnheit werden lassen und mir dadurch Ehre erweisen?

Bete morgen zum heiligen Joseph um die Erkenntnis, wie du innerhalb der Familie mir nahe bleiben kannst. Übergib ihm dein Leben mit mir, und er wird es dich in liebevoller Weise lehren. Denke daran, daß du zur Familie Gottes gehörst. Gott liebt dich unendlich. Versuche, ihm immer näher zu kommen. Es genügt ein Seufzer, ein Stillewerden vor ihm, ein Ruhen an seinem Herzen. Es ist ja der sehnlichste Wunsch meines Herzens, dir solche Ruhe zu schenken. Demütige dich, meine teure, kleine Tochter, um deiner Schwachheit willen.«

•

22. März. Nach der Kommunion.

»Werde wieder lebendig in deiner Liebe, in deinem Tun.

Steige heraus aus deinem Grab des Alltags. Erwärme wieder deine Kälte. Schaue nur auf Gott. Wende deinen Blick ab von der Erde.«

•

25. März. Kirche von Ingrandes. Ich hatte nur wenig Zeit für einen Besuch bei ihm.
»Die Hauptsache ist, daß du treu bist. Auf dieses Gefühl allein kommt es an. Die Intensität der Liebe bedeutet mehr als die Zahl der Minuten. Schenke mir den ehrlichen Schlag deines Herzens. Blicke weder zur Rechten noch zur Linken. Mache mir die Freude, in mir dein einziges Ziel zu sehen, so wie die heiligen Frauen, die zu meiner Zeit lebten und deren Gedanken allein auf Christus gerichtet waren. Liebe mich, und alles ist damit gesagt, alles getan. Du weißt, wie man liebt? Man sucht stets die Nähe des Geliebten.«

•

1. April. Kirche von Fresne.
»Ich habe dich erwählt, um zu bezeugen, wie einfach und heiter das Leben der Liebe, das Zwiegespräch der Liebe ist. In mir den Vielgeliebten zu sehen, das allein tut not; denn dann mündet alles in deiner Seele in mich ein. Ich ziehe alles an mich: ›Wenn ich auferstanden bin, werde ich alles an mich ziehen.‹ Und dieses ›alles‹ in einer Seele, das sind ihre Fähigkeiten, Gedächtnis, Verstand, Willen, die sich dann nur noch auf mich hin öffnen und auf alles, was mich betrifft. Sie haben dann keine Neigung mehr für die Dinge, die vergehen. So tauche alle deine Wurzeln in die Ewigkeit, um meinetwillen. Dort ist das Leben der liebenden Seele; und das ist leicht, weil ihr mein Beistand zuteil wird. Wie sollte ich ihr nicht helfen, da sie sich doch in mir bewegt?
Ich habe wenige Zufluchtstätten auf Erden. Du ahnst nicht, wie die Seelen ausschließlich auf Gewinn und Wohlergehen bedacht sind. Wie wenige öffnen mir die Tür ihres Herzens. Ein schon bis zum Rand angefülltes Herz, das hat keinen Raum mehr für mich, der für sie gestorben ist. Lade mich darum ein, bei dir Wohnung zu nehmen; und bei Nacht und bei Tage, ohne erst viel Worte zu machen, wende mir dein besseres Ich zu, das Süßeste, Ehrlichste, Verborgenste deines Herzens.«

•

8. April. Kirche von Ingrandes.

»Es darf nichts Unnützes geben in deinem Leben, weder an Worten noch an Gesten. Nichts, das nicht mein ist. Bringe es mir dar in deinem Herzen, und ich werde darüber verfügen. So wirst du meine kleine Mitarbeiterin sein. Auch in meinem Leben gab es nichts Unnötiges, nicht einmal einen Blick, einen Gedanken. Mein Ziel allein war der Vater und ihr. Ebenso lebe auch du für das Reich Gottes und für das Heil deiner Brüder.

So kurz ist die Zeit, die dir noch verbleibt für dein irdisches Leben. Gib mir alles und entschädige mich für das, was du mir in deiner sorglosen Jugend vorenthalten hast. Fürchtet nicht, daß ihr im Altwerden die Schönheit eurer Seele einbüßt. Im Gegenteil. Oft ist dies gerade der Augenblick einer inneren Entfaltung neuer Schönheiten, wenn Liebe und Weisheit sich begegnen, um der Gottheit näher zu sein. Man muß nur lieben, lieben ohne Maß und ohne Grenzen. Es ist dazu notwendig, sich vertraut zu machen, mit meinen bekannten und meinen unbekannten Leiden und sie zu begrüßen als Wohltäter, die dich gerettet haben.«

•

15. April. Kirche von Fresne. Unterwegs hatte er zu mir gesagt: »Für einen Sünder«.

»Und müßtest du viele Kilometer laufen, tue es, als wenn du einen Sünder suchen gingest, um ihn zu mir zurückzuführen. Vereinige dich mit mir. Du weißt, wie ich mich damals trotz der Hitze zu dem Brunnen aufmachte, um der Samariterin zu begegnen. Vereinige dich bei jeder Gelegenheit mit mir. Ich werde dann in dir sein. Sei gewiß, wenn du andere entzückst und ihnen Freude schenkst, dann bist nicht du es, sondern ich in dir. Erbitte es von mir. Wünsche es.

O wenn doch heilige Wünsche die Menge der schlechten Wünsche einer verweltlichten Menschheit zudecken würden, welcher Trost wäre das für mein Herz! Du, die du meinen Todeskampf betrachtest, du, die ein wenig von der Tiefe meines Schmerzes erfahren hat, sei mehr als die anderen darauf bedacht, mich zu trösten. Wenn du meine Liebe erkannt hast, wie solltest du mich dann nicht noch mehr lieben?«

•

Gründonnerstag. Fresne. Ich dachte daran, daß ich schon zweimal am Morgen und zweimal am Nachmittag zum Allerheiligsten gekommen war. Am Abend wollte ich es noch einmal tun.
»Ein ganzer Tag für mich, einmal im Jahr, du meinst, das sei zuviel? Meine Eucharistie aber ist alle Tage und Nächte mitten unter euch. Ich bin gegenwärtig, voller Liebe und reich an Gnaden. Sage mir: Dann ist ein einziger Tag, den du mir schenkst, doch wohl nicht lang. Erinnere dich an das Fest meines Herzens.«

•

Ostersonnabend. Kirche von Fresne.
»Du solltest wieder auferstehen. Stehe wieder auf mit mir. Ich will damit sagen: Sei eine andere, eine bessere. Sei mir näher, immer näher bei mir. Rufe mich an und zähle auf mich.«

•

20. Mai.
»Wenn du ein Gespann mit zwei Pferden zu lenken hast, mußt du oft seine Geschwindigkeit ändern. Also aufgepaßt. Ebensowenig wundere dich, daß du die Regungen deiner ungestümen Natur unter Kontrolle halten mußt. Aus Liebe zu mir tue es bereits beim ersten Schwanken.«

•

10. Juni. Jahrestag meiner Erstkommunion.
»Wie viele Kommunionen hast du seit diesem Tag deiner ersten Heiligen Kommunion empfangen! Vermagst du zu zählen, wie oft ich mich dir ganz und gar geschenkt habe? Vermagst du die Liebe zu ermessen, die ich in sie hineingelegt habe? Dann müßte man die göttliche Natur durchschauen können.
Danke mir dafür, indem du mich oft betrachtest; das heißt, denke an mich. Und wie könntest du an mich denken, ohne mit mir zu sprechen? Wenn du aber mit mir sprichst, geschieht es zu deinem Besten. Meine Antwort wird sich danach richten. Eine Antwort deines Gottes ist es wohl wert, daß du zu ihm sprichst und ihn von ganzem Herzen liebst. Versuche es. Nütze es. Scheue dich nicht, mich zu lieben und es mir zu bekennen. Ich selbst bin es ja, der dich dazu bewegt. Ich bin der Dirigent des Orchesters. Ich vereinige die Klänge

deiner Seele mit all ihren Zartheiten und ihrem Ungestüm zur Harmonie und trage sie zu meinem Vater empor, indem ich meine Stimme hinzufüge.
Im Augenblick deines Todes aber werde ich dein Schwanengesang sein; denn die eigene Kraft wird dir dann dazu fehlen. Nichts wird dich dann mehr mit der Erde verbinden. Aber auch der Blick nach dem Jenseits wird dir noch verschlossen sein.
So wirst du die Verlassenheit von Golgotha erleiden und wirst dich wie nie zuvor mit meinem verlassenen Herzen vereinen. So werden wir beisammen sein im Augenblick des Hinübergangs.«

•

10. Juni.
»Gib mir täglich Rechenschaft über deine Liebenswürdigkeit. Sprich nur Worte, die getragen sind von der Liebe zum Nächsten. Mache Schluß mit Worten, durch die du nur gefallen willst, mache ein Ende mit aller Ironie.
Ist das mein Geist? Hast du im Evangelium jemals gelesen, daß ich bitter war?
Wieviel Gutes vermagst du zu tun durch den Zauber eines Gesprächs, durch geduldige Güte.
Meine kleine Tochter. Sei mir ähnlich. Seien wir auch darin eins. Du willst das doch gern. Erbitte daher von meinem Herzen, daß das deine niemals dem meinen entfliehe, das dich so gern gefangen halten möchte.
Wenn du dich aber so fest in mein Herz einschließt, wie solltest du dann nicht liebevoll sein können? Liebenswürdiger als jeder andere?
O bleibe in mir, der dich unaufhörlich ruft. Wende dich zu mir. Bitte, wenn du etwas zu bitten hast. Kein anderer kann dir besser dienen als ich.«

•

12. Juni.
»Wache über dein Zweigespann, deinen Leib und deine Seele. Zügle es und bremse es immer wieder.«

•

15. Juni.
»Wenn auch etwas wenig gut gelungen, ja sogar verkehrt

gelaufen ist, so war es doch deine Absicht, mir zu gefallen, Vergangenes gut zu machen, einen Sünder zu bekehren, eine Seele aus dem Fegefeuer zu befreien. Und so nimmt mein Herz es an; es wägt nicht das volle Gelingen deines Tageslaufes, sondern die Liebe deines tiefsten Herzensgrundes.«

•

7. Juli.
»Vereinigung!
Ich bestehe auf dieser Vereinigung. Warum bleibt ihr abgekapselt in euch selbst, da ihr doch in jedem Augenblick in mir sein könnt? In mir sein – das ist nichts anderes als im Himmel sein, auch ohne Visionen und andere Wonnen.
Übe dich also darin, dich mit mir zu vereinigen, mir deine Anbetung und deine Liebe zu weihen. Was würdest du nicht alles tun, wenn du mich wirklich schautest! Du würdest dich zu meinen Füßen niederwerfen, du würdest mich an dein Herz drücken. Du würdest mir danken für meine Leiden und für meine Wohltaten. Du würdest mich um Verzeihung bitten für gewisse willentliche Sünden. Und du würdest mir immer wieder Worte der Liebe sagen.
Handle so, als ob ich sichtbar vor dir stünde. Welch gute Glaubensübung. Sie führt dich zur Hoffnung und zur Nächstenliebe.«

•

15. Juli.
»Sieh mich als einen lebendigen Menschen an, der dich weit mehr liebt, als du dir in deinen kühnsten Wünschen vorzustellen vermagst. Und bedenke, daß dieser lebendige Mensch sein Leben für dich hingegeben hat und nun mit unendlicher Sehnsucht den Augenblick der Begegnung erwartet. Würdest du ihm dann nicht auch deine Vorfreude und deine Ungeduld bezeugen?
Betrachte mich oft so, als eine wirkliche Person, die dir jedoch nicht nur äußerlich nahe, sondern in dir ist. Welche Quelle von Freuden bedeutet solches Gegenwärtigsein. Eine solche Gegenwart ist so kostbar wie das Leben. Ich aber bin der Schönste; denn ich bin die Schönheit an sich. Ich bin der Klügste. Der Heilige Geist wohnt in mir. Glaubst du fest, daß ich, der ich so mächtig bin, gleichzeitig mild und barmherzig bin? Glaubst du fest, daß mein Antlitz voller Schönheit und Sanftmut ist?

Bitte mich darum, dir bald diese schöpferische Schönheit zu offenbaren. In jedem meiner Gesichtszüge wirst du dann von meiner Liebe lesen.«

•

22. Juli.
»Mein Herr. Ich möchte dir so gern auf Erden Magdalena ersetzen; denn ich weiß, wie köstlich dir ihre Liebe war.«
»Bringe mir Magdalenas Liebe dar; denn alles ist vor mir gegenwärtig, und durch die Kommunion der Heiligen ist sie auch in dir. Du hast Mühe, an solche Schätze zu glauben. Sie sind eine Erfindung Gottes. Das überschreitet allerdings eure Erkenntnisse auf Erden. Bediene dich seiner Freigiebigkeit. Glaube vor allem daran.
Alle meine Erfindungen sind zum besten meiner Kinder und nicht für mich. Demütige dich, wie Magdalena sich gedemütigt hat in Glauben und Liebe. Wiederhole mir oft deine verborgenen Fehler. Beweine sie. Das Ohr meines Herzens lauscht dir. Du kennst meine Art zuzuhören? Und wenn dir das Herz pocht, wenn du gestehst, was soll ich dann von dem meinen sagen, das diese Geständnisse annimmt.
Meine Tochter. Die Liebe möge dich über dich hinauswachsen lassen. Und wie Magdalena bemühe dich darum, eine neue Frau zu werden, bis zur völligen Selbstverleugnung. Sie war so reich an Gütern dieser Welt. Aber in der Grotte besaß sie später nichts mehr. Sie wartete auf mich. Sie ersehnte den letzten Augenblick. Unter allen Bußen war dies für sie die schwerste Buße, weiterleben zu müssen. Bitte Magdalena, dir zu helfen. Sie hat viel zu lieben verstanden. Sie wird ihr Leben als Klausnerin mit deinem Leben in Einsamkeit vereinen. Lade sie zu dir ein. In eurer Nähe werde ich das verborgene Gemach für vertrauliche Gespräche finden, die nur im Schweigen erfahren werden können.«

•

29. Juli. Kirche von Fresne.
»Meine Tochter. Begreifst du noch immer nicht, daß die Schmerzen, die ich dir schicke, nach deinem Maß bemessen worden sind, angepaßt deinen Fähigkeiten, und daher Gnaden, die dich mit dem Vielgeliebten vereinen sollen? Danke mir für eine solche kleine Prüfung.

Sei lenksam und gelehrig in meiner Hand. Demütige dich, als ob du das Unglück verdient hättest. Verlangst du nicht danach, alles zu erleiden, um unsere Vereinigung zu vervollständigen? Oder hältst du sie bereits für ausreichend? Möchtest du sie nicht enger gestalten? Sollte deine Liebe bereits ihr letztes Wort gesagt haben? Gehe in mich ein. Verlasse dich. Wirst du bei solchem Austausch nicht gewinnen? Gott! Wenn du ihn einmal schauen wirst, wie sehr wirst du es dann wünschen, ihm gedient, ihn geliebt zu haben, ihn ohne Vorbehalt mit deinem ganzen Herzen verherrlicht zu haben.
O habe keine Angst vor Prüfungen. Sie lassen dich aufwärts steigen, lehren dich, mich tiefer zu lieben. Ich aber, ich erwarte dich an dieser Wende deines Lebens: Wie wird sie dieses Hindernis überwinden? Wird sie meine Hilfe anrufen? Wird sie mir in liebender, kindlicher Hingabe endlich ihr ganzes Vertrauen schenken? Welche Freude wird dann aber einer Seele zuteil, die ganz in mich eingegangen ist!«

•

26. August. Kirche von Fresne. Als ich mir alle meine Unzulänglichkeiten vor Augen hielt.
»Werde niemals mutlos, sondern erbitte von mir, was du von dir selbst nicht mehr erwartest. Du siehst ja, wie sehr es dir an Ausdauer fehlt; du siehst, daß dir alles mangelt. Öffne weit dein Vertrauen. Glaube, daß dein großer Bruder ergänzen wird, was du allein nicht schaffst.
Doch muß man ihn darum bitten. Denke daran, daß ich der für euch bin, wie ihr glaubt, daß ich sein soll. Übergib dich schrankenlos, und ich werde dir schrankenlos geben.
Ist das für dich nicht leicht? Freilich muß dein Herz einwilligen, nichts zu sein und unfähig zu allem. Dies sollst du einsehen; und dann glaube viel mehr an mein Herz und an meine grenzenlose Liebe.
Komm näher! Komm näher, solange es noch Zeit ist. Sieh alles nur noch durch mich. Opfere mir jeden deiner Tage auf, jeden gegenwärtigen Augenblick. Ach! Daß das Reich Gottes, eures Vaters komme, dies sei dein einziges inbrünstiges Flehen. Alles andere wird dir dann in wachsendem Maße gegeben werden.«

•

30. September. Ich dachte an die fremden Flüchtlinge bei mir.
»Glaube nur nicht, daß alles nur Zufall ist. Ich habe sie für dich ausgewählt. Tue ihnen das Beste an, das in deiner Macht steht. Empfiehl sie mir. Bete für sie. Leide für sie. Habe ich nicht für alle gelitten? Ahme mich nach. Werde mir so ähnlich, daß in deinem Antlitz das meine sichtbar wird. Der Vater wird entzückt sein und es dir in Fülle vergelten. Was könntest du von ihm nicht erhalten?
Warum bittest du so wenig? Komme zu uns, meine Tochter, und befriedige unseren Wunsch, Mitleid zu üben. Sei davon überzeugt, daß jene, die zu deiner Umgebung gehören, dir zugewiesen wurden, um ihnen Gutes zu tun. Ich aber folge dir Schritt für Schritt. Wie könntest du jemals glauben, allein zu sein. Ich lenke dein ganzes Leben. Laß dich von meinem Herzen davontragen.«

•

7. Oktober. Kirche von Montrelais. Als ich ihm dankte, mich bei dem Bombardement so schonend behandelt zu haben.
»Ja, danke mir oft. Ich gebe dir soviel. Aber würdest du mir auch dann danken, wenn ich dir Prüfungen auferlege? Das tut not. Denn ich tue ja alles zum Besten der Seelen. Zweifle nicht daran und glaube an meine Liebe. Hoffe auf meine Liebe.
Wenn du meine Liebe liebst, dann wirst du alles als von mir kommend annehmen und überall für mich wirken. Wenn du auf meine Liebe hoffst, wirst du nicht mehr auf dich zählen. In jeder schwierigen Angelegenheit wirst du auf mich warten und denken: ›Ich, ich vermag nichts mehr zu tun, aber mein Gott kann alles.‹ Und in diesem Vertrauen wirst du Frieden finden.
Und du wirst die Pflichten, die die Liebe fordert, wieder aufnehmen, glücklich, Tag und Nacht solche Mühen zu ertragen, um mich zu trösten. Dann sagst du zu dir: ›Ach, wenn ich doch gewiß wäre, ihn zu trösten.‹
Denke daran, wenn ich auch ganz Gott bin, so bin ich doch zugleich ganz Mensch, und daß man mich daher zu trösten vermag, wie man einen Menschen tröstet.
Wundere dich nicht über manches Mißgeschick. Du wurdest nicht erschaffen für die Ruhe der Erde, sondern für die Ruhe des Himmels. Das ist nun einmal so. Stelle dich darauf ein, dein Ziel auf die Ewigkeit auszurichten. Alles, was dir

begegnet, ist allein von Bedeutung im Blick auf das ewige Ziel.
Beurteile alles von mir aus, aus meiner Sicht. Meine Urteile sind nicht immer die euren. Empfange aus meinem Herzen Barmherzigkeit für alle, die sich dir nahen. Lasse sie diese erfahren durch ein Lächeln, durch eine Geste des Willkommens. O wie wichtig sind solche Kontakte zwischen den Seelen. Wieviel Gutes kann daraus erwachsen.«

•

3. November.
»Du bist unruhig wegen dieser Gebetsstunde, fürchtest, es schlecht zu machen. Aber da wir zwei ja beisammen sind, zähle darauf, daß ich deine Lücken füllen werde. Ist das unter Freunden nicht selbstverständlich? Würdest du das nicht auch bei jemandem tun, den du liebst? Aber nun ich! Dein Gott, dein Erlöser! Bedenke das doch! Und wie liebe ich dein Vertrauen. Würde es dich nicht auch beglücken, bei einem, der arm, klein und schwach ist? O wie gern sähest du es dann, daß er dich zu Hilfe riefe; dich, der ihm zu helfen vermag.
Sei gewiß, daß ich dir helfen kann in all deinem Tun, ja daß ich es mir aus dem tiefsten Grund meines liebenden Herzens wünsche. Ich bin so sehr besorgt um eure Vollendung. Ihr seid ja meine Glieder. Daß also mein Leib vollendet werde, vereine deinen Willen stets mit meinem. Sei das, was ich gewollt habe, das du sein sollst. Setze dahinein deinen ganzen Eifer, deine ganze Liebe.
O das schöne Leben zweier in Einheit verbundener Herzen. Ich bin bereit. Ich erwarte ein solches Einswerden mit euch, so daß ich mich in euch durch alles hindurch schaue, um mich dann wiederum mit euch zu verbinden.
Bleibt nicht auf dem Wege stehen. Kommt näher und tretet ohne Furcht ein in mein Herz: dort ist euer Vaterhaus, euer Haus der Ruhe, euer Haus des Glücks. Tretet nur ein. Hier seid ihr daheim, und ihr werdet bereits erwartet. Ist es nicht köstlich, erwartet zu sein?«

•

18. November. Kirche von Fresne.
»Ja, bitte mich darum, dein guter Wille zu sein, da du weißt, daß du nichts vermagst ohne mich. Du bist nicht einmal

fähig, meinen Namen liebend auszusprechen, wenn ich dir nicht zu Hilfe komme. Andererseits weißt du, daß mein Beistand dir niemals fehlen wird, wenn du mich darum bittest. Wie sollte ich mich einem meiner Kinder versagen! Mein Herz ist bereits davon angerührt, bevor das deine gesprochen hat.

Wenn du die Liebe kennen würdest, die für dich litt und so schimpflich starb; wenn du um ihre Macht und Zärtlichkeit wissen würdest, dann hättest du erkannt, daß ich euch noch sicherer trage, als eine Mutter das vermag. Ich führe eure Seele auf Wegen, die zu ihrem Heile notwendig sind. Es geht mir ja um eure Heiligkeit, das heißt, ihr sollt immer für mich bereit sein, ganz nahe bei mir, gleichsam als ein anderer Christus.

O meine teuren Brüder, denkt an euer Vorbild, an euren Erstgeborenen, der so einfach gelebt hat, damit ihr ihn wieder in euch zum Leben erweckt. Ich bin so einfach gewesen, daß man mich nur drei Jahre lang gekannt hat. Und meine schwache Gefolgschaft beschränkte sich auf zwölf Apostelschüler. Welch kurzes Leben – nur dreiunddreißig Jahre –, um alle Zeiten zu retten. Die Liebe des Vaters bestimmte alle meine Handlungen.

Ebenso bereichert die euren, indem ihr mit mir die ständige Verbindung erhaltet. Du weißt genau, daß alles, was mein ist, auch euch gehört. Aber man muß es annehmen. Ich bin so glücklich, wenn ich geben darf. Was ich gewann, ich habe es nur gewonnen, um es wieder zu verlieren. Ich will nichts für mich behalten.«

•

3. Dezember. Kirche von Fresne.

»Diesen Monat mögest du dazu verwenden, mir zu danken. Ein Dank der Liebe ist meinem Herzen kostbar, mehr als du zu glauben vermagst. Du weißt, wie empfindsam ich bin. Da ich so voller Zärtlichkeit für euch bin, wundere dich nicht, wenn ich mit Freuden eure Dankbarkeit annehme. Das Geringste in euch findet in mir seinen starken Widerhall. Wenn deine Dankbarkeit so vollkommen wäre wie das Göttliche, würdest du das verstehen.

Oft beurteilt ihr Gott nach den Eigenschaften der Menschen. Bedenke, daß du nichts bist und meiner Wohltaten nicht würdig. Dein Herz sollte überströmen von Liebe, wenn du alles das überdenkst, was ich dir gegeben habe; überfließen in dem Wunsch, dich mehr meiner Heiligkeit zu nähern. Deine Wünsche erfreuen mich. Doch bilde dir nichts ein auf die Wirksamkeit deiner eigenen Anstrengungen, sondern erflehe meine Hilfe. Und gerade im geistlichen Bereich verzichte auf deinen Eigenwillen, als könntest du von dir aus schon das Richtige treffen. Das wäre ein sehr oberflächlicher Weg.

Ich aber, der ich Gott bin, habe nur den Willen des Vaters erfüllt, der mich gesandt hat. Ein Mysterium gewiß. Jedoch glaube daran. Allmählich wirst du dein Glück darin finden, dem zu entsagen, was dein Eigenwillen wollte, wenn mein Wille dagegensteht. Strebe vielmehr nach Vollkommenheit, und das bedeutet: zu leben in meiner Wohnung. Und nur darum bist du auf Erden. Wie köstlich ist es doch, wenn Brüder einträchtig beieinander wohnen. Vergiß nicht, daß du immer noch am Anfang des Weges stehst. Du bist so schwach. Darum ergreife meine Hand. Wohin solltest du dich sonst wenden.

›Herr, wohin sollen wir gehen?‹ so sagten meine Apostel zu mir.

Und wohin solltest du wohl gehen, mein armes, kleines Kind? O komme stets und immer wieder von neuem zu mir. Fürchtest du etwa, mir dadurch zur Last zu fallen, mir, deinem Gott? Bei mir findest du immer Liebe und Frieden. Lasse mich eingehen in dich. Wehre dich nicht, geliebt zu sein. Nimm meine Hand und lege sie auf dein Herz, das so sehr der Kraft und Weisheit bedarf.«

•

9. Dezember. Kirche von Fresne.

»Verlasse deine unbefleckte Mutter nicht. Auch sie wird dich nicht verlassen. Sie liebt dich noch viel mehr, als deine teure Mutter dich geliebt hat. Sie hat noch mehr gelitten als diese, um dich zu gebären. Sie hat meinen Tod mit durchlitten. Sie ist die Königin der Martyrer. Und wenn sie mehr geliebt und gelitten hat, dann stelle dir die Zärtlichkeit vor, mit der sie dich liebt. Nichts könnte sie daran hindern, nicht einmal deine Undankbarkeit.

Danke ihr. Liebe sie. Sage es ihr vor allem. Solche Gespräche mit ihr bringen dich auch mir näher. Wohin sollte sie dich denn führen, wenn nicht zu mir? Sie ist viel zu demütig, um

sich zu nehmen, was mir gehört. Sie, die nur für mich gelebt hat, bitte, sie möge auch dich lehren, nur noch für mich zu leben. Sie wird dir helfen bei diesem Aufstieg. Es kostet allerdings Mühe, auf den Berg der Vollkommenheit zu gelangen. Man merkt plötzlich, daß es abwärts ging, während man meinte, aufwärts zu steigen. Wer wird dich läutern? Wer wird in deinem Geiste das Licht entzünden, wenn nicht jene, die es bereits besitzen, die Heiligen und die Königin aller Heiligen.
Sei ganz demütig vor ihr. Sie ist nur eine Frau gewesen, aber eben ›die Frau‹, die der Schlange den Kopf zertreten hat. Lebe mit uns zusammen wie in einer Familie, so einfach wie in Nazareth. Nichts in unserem vertrauten Zusammensein wird dir dann verschlossen sein. Ich gebe euch alles, was ich besitze, sogar die Liebe meiner Mutter. Und wenn du dich schwach oder einsam fühlst, komme zu uns beiden. Du brauchst nicht erst vorgestellt zu werden. Wir kennen dich schon seit langer Zeit und besser als du dich selber kennst. Sei für uns mein armes, kleines Kind. Demütige dich vor unserer großen Liebe zu dir. Liebe uns, um uns über die anderen zu trösten.«

•

30. Dezember. Kirche von Fresne.
»Du weißt doch, du bist niemals allein. Diese Gewißheit sollte eine große Kraftquelle für dich sein. Sie gebe dir Mut, mit mir zu sprechen, da ich ja da bin; Mut zum Handeln, da ich dir helfen kann, besonders wenn du mit anderen sprichst. Bitte mich, daß ich selbst durch dich spreche, tu es niemals allein. Welch ein Glück für dich! Wirst du mir jemals genug dafür danken können?
Man bittet nicht oft genug um Vergebung. Dabei wißt ihr sehr wohl, daß ihr Verzeihung erlangt, wenn ihr sie erfleht. Gibt es für mich eine größere Freude, als euch zu vergeben?
Halte dich an das Evangelium. Habe ich nicht der Ehebrecherin verziehen, der Kanaanäerin, dem Gichtbrüchigen, Magdalena, Petrus, meinen Henkern, dem Schächer? Auch Judas hätte ich verziehen, wenn er sich zu meinen Füßen niedergeworfen hätte, wie der Samariterin und vielen noch, von denen im Evangelium nichts geschrieben steht. Denn Gott hat ein Herz, das verzeiht.«